子供たちに伝えたい
校長先生のお話

Sawa Masahiro
澤　正宏

翰林書房

子供たちに伝えたい校長先生のお話◎もくじ

4月

・昔《むかし》は花の王様《おうさま》「梅《うめ》」が咲《さ》きました
・ドロドロの緑《みどり》の汁《しる》になるアゲハ蝶《ちょう》の蛹《さなぎ》の秘密《ひみつ》 …… 10
・日本でも有名《ゆうめい》になった福島市の「花《はな》見《み》山公園《やまこうえん》」
・豊《ゆた》かな米作りの犠牲《ぎせい》になった「種《たね》まき兎《うさぎ》」の話 …… 14
・タンポポの根《ね》っこは一メートルもあるよ
・桜《さくら》の花のこころを知《し》っていますか …… 18
・四月に咲いている野草《やそう》の花をみつけました
・一休《いっきゅう》さんになる試験問題《しけんもんだい》を考えてみよう …… 22

5月

・緑《みどり》の命《いのち》を味《あじ》わう日本、緑の命と合体《がったい》する外国《がいこく》
・白鳥《はくちょう》が三月でなく四月の終《お》わりに帰《かえ》ったのはなぜ …… 26
・一秒間《いちびょうかん》に八十匹《ぴき》の鮎《あゆ》が眼《め》の前の滝《たき》を通過《つうか》していく話
・歩《ある》く魚《さかな》、針《はり》だらけの魚、身長《しんちょう》五メートルの魚の話 …… 29

・掃除《そうじ》の言葉《ことば》とスポーツの言葉とは仲《なか》がよい
・掃《は》き掃除、拭《ふ》き掃除、ごしごし洗《あら》いについて …… 33

6月

・山の水が海の魚を育《そだ》てる「魚付《うおつ》け林《りん》」を知っていますか
・頼《たよ》りになるのは「山の雪《ゆき》」、野原や林ではありません …… 36
・ホトトギスの鳴《な》き声を覚《おぼ》えよう
・いま見ている海水《かいすい》は二千年前の海の水 …… 40
・サンゴが吹雪《ふぶき》のように卵《たまご》を産《う》む季節《きせつ》です
・日本のプールは福島県《けん》から生まれました …… 45
・「アクア」は世界共通《せかいきょうつう》の言葉、「水」の意味《いみ》です
・人魚《にんぎょ》のルーツは、なんと「ゾウ（象）」なのです …… 48

7月

・織姫星《おりひめぼし》・彦星《ひこぼし》・白鳥座《はくちょうざ》と夏《なつ》の大三角形《だいさんかっけい》を探《さが》しましょう
・七月の英語《えいご》「ジュライ・July」には「七」の意味がありません …… 52

・掃除をすればまわりのみんなが元気になります
・童謡《どうよう》「ぞうさん」は虐《いじ》めの歌《うた》でした……56
・永遠《えいえん》に終わらないと思った夏休み
・読書《どくしょ》とスケッチつきの日記《にっき》をすすめます……60
・プールと昼寝《ひるね》は真夏《まなつ》の身体《からだ》にいいですよ
・合歓《ねむ》の葉《は》は牛《うし》が食《た》べ、シャンプーになりました……63

8月

・咲《さ》きながら散《ち》る萩《はぎ》の花、咲いてから散る桜の花
・台風《たいふう》の風《かぜ》は家の窓《まど》や戸《と》を外から押《お》さない話……66
・「秋の七草《ななくさ》」を五七五七七のリズムで覚えましょう
・母《はは》の愛《あい》をかみしめた野口英世《のぐちひでよ》博士《はくし》の夢《ゆめ》と希望《きぼう》……70

9月

・今月《こんげつ》は、一年で一番美《いちばんうつく》しい「イモ名月《めいげつ》」を楽《たの》しもう
・「そなえあればうれいなし」、災害《さいがい》を忘《わす》れないで……74

10月

・九月は「ながつき」、「菊《きく》の月」
・人間の進化《しんか》の秘密《ひみつ》は前頭葉《ぜんとうよう》（脳《のう》・言葉）にあります …… 78
・恐《こわ》い風の神様《かみさま》の「風神《ふうじん》」を見てみますか
・地球温暖化《ちきゅうおんだんか》でツバル国《こく》は海に沈《しず》みます …… 83
・秋は生きものが命を守り伝《つた》える季節です
・百年も眠《ねむ》る「いばら姫《ひめ》」のお話の秘密 …… 88
・一秒《いちびょう》に二枚剥《は》がれていく鰯《いわし》の鱗《うろこ》
・心が美しいとはどんなことなのだろう …… 93
・「ブドウ」は日本語になった古代《こだい》ギリシア語です
・船《ふね》に乗《の》った人が消《き》え、飛行機《ひこうき》が墜落《ついらく》する海の不思議《ふしぎ》 …… 97
・「露《つゆ》」が「霜《しも》」に変《か》わる寒《さむ》さを感《かん》じる頃《ころ》です
・夏鳥《なつどり》の燕《つばめ》と入《い》れ替《か》わって冬鳥《ふゆどり》の雁《かり》が来る日です …… 101

・恐《こわ》いのでみせたくない「地獄《じごく》」の絵本《えほん》を読《よ》みますか　104
・十月の「十三夜《じゅうさんや》」の月は「豆名月《まめめいげつ》」「栗名月《くりめいげつ》」です　104

11月

・イチョウは「生きている化石《かせき》」で秘密が多《おお》い樹《き》です　107
・読書の秋《あき》、アンデルセンの童話《どうわ》をすすめます　107
・木の枝《えだ》に刺《さ》さっている蛙《かえる》はモズの「早贄《はやにえ》」でしょう　111
・空気《くうき》と水《みず》と石炭《せきたん》からビニルができると聞《き》いて驚《おどろ》きますか　111
・日本で一番古《ふる》いお菓子《かし》を見てください　114
・水が飲《の》めないで死《し》んでいく子供たちと井戸《いど》の話　114

12月

・戦争《せんそう》については「人間《にんげん》が一人でも死ぬのならば反対《はんたい》」という考え方が大切《たいせつ》　118
・卵を守るために「降《ふ》る雪《ゆき》の高《たか》さを予報《よほう》できる」カマキリの不思議　118
・菫《パンジー》（すみれ）には「考える」という意味があります　122
・今日《きょう》は林檎《りんご》が地面に落ちない世界を体験《たいけん》しましょう　122

1月

・小鳥《ことり》の巣《す》にはビニルシートが敷《し》いてあるよ
・アンドロメダは地球《ちきゅう》と合体《がったい》して新しい星をつくりたいようです …… 126
・冬至《とうじ》では一時間目から給食《きゅうしょく》が終わるまでの時間が夜《よる》に加《くわ》わります …… 130
・生まれて初《はじ》めて書いた校長先生の「詩《し》」を紹介《しょうかい》します
・クリスマスは、生《い》きものが生《う》まれかわる日の「冬至祭《とうじまつり》」でした …… 133
・年賀状《ねんがじょう》はなかなか会《あ》えない友だちにこそ出しましょう
・日本は雪国《ゆきぐに》で、五人に一人は雪国に住《す》んでいます …… 136
・日本では氷河《ひょうが》を作る計画《けいかく》が進《すす》められています
・「春の七草」を五七五七七のリズムで覚えましょう …… 140
・「五節句《ごせっく》」を知っていますか
・小学生も電脳漬《でんのうづ》けですが、他《ほか》にも楽しいことがあるよ …… 143
・冬の夜、荒《あ》れた海がたてる不思議な音の正体《しょうたい》は何だろう

・日本で最初《さいしょ》につけられた馬の名前は何かな
・海のなかや頭《あたま》のなかにも「馬」がいますよ …… 147
・「鎌鼬《かまいたち》」はいるのかな、見てみましょう
・雪の結晶《けっしょう》は空からの贈《おく》り物《もの》です、見てみましょう …… 150
・「雪女《ゆきおんな》」は雪国の人にはよくわかる幽霊《ゆうれい》です
・「獅子《しし》(ライオン)舞《まい》」なのに鹿《しか》や麒麟《きりん》の獅子舞もあります …… 154

2月

・イワシの頭を刺したヒイラギの枝と、節分《せつぶん》の鬼《おに》との関係《かんけい》について
・冬の海の音の正体は、引《ひ》き潮《しお》と寄《よ》せる波《なみ》とがつくっていました …… 159
・昔話《むかしばなし》になって残《のこ》っている馬と蚕《かいこ》との深《ふか》いつながり
・たくさんの国の集まり「ユーロ」とは何だろう …… 162
・「春一番に咲く花」という名前がついた花を知っていますか …… 166
・人間は狼《おおかみ》に育《そだ》てられれば狼と同じになってしまいます

3月

・「春に三日《みっか》の晴《は》れなし」、でも啓蟄《けいちつ》だから虫や蛙がでてきます
・春一番の一等星《いっとうせい》「スピカ」(「麦《むぎ》の穂《ほ》」の意味)を夜空《よぞら》にみつけよう……171
・鳥に進化した恐竜《きょうりゅう》「ミクロラプトル・グイ」の大発見《だいはっけん》
・「夢と希望」の力《ちから》が発見させたツタンカーメン王の黄金《おうごん》の面《マスク》……175
・よく考えれば、薄《うす》い一枚の紙の上にでも重《おも》いものがのります
・難病《なんびょう》を恐《おそ》れず、同じ難病の人のための研究《けんきゅう》に尽《つ》くしたアリスさん……182

あとがき……187

【凡例】
・太字は、大きな紙のカードなどに文字を書いて見せた場合を示す(但し、横書きの場合もある)。
・＊は、写真や絵や実物などを見せた場合を示す(但し、本書での掲載は白黒)。
・♪は、CDを使って音楽や音を聞かせた場合を示す。
・私が校長在任中の三年間に話した内容を月ごとにまとめてありますので、話の内容が前後していることをご了承ください。

昔《むかし》は花の王様《おおさま》「梅《うめ》」が咲《さ》きました
ドロドロの緑《みどり》の汁《しる》になるアゲハ蝶《ちょう》の蛹《さなぎ》の秘密《ひみつ》

おはようございます。

長くて雪の多かった冬がやっと過《す》ぎて、春らしい春、今日は春のまんなかの日になりました。きのうから地球は「**清明**」という時間に入りました。つまり、地球は「すがすがしくて、明るい空気に包《つつ》まれているとき」に入ったのです。そういえば、きっと気がついた皆さんが多いと思いますが、この小学校の校門の「**紅《あか》い梅**」の花が咲きました。「**紅梅《こうばい》**」ともいいます。梅はお隣《となり》の国の中国《ちゅうごく》から、千五百年以上も昔に日本に入ってきた木で、梅の花は、その頃は「**花の王様**」、チャンピオンでした。今は春の花の王様は桜になっています。梅は花のお兄さんといわれ、本当に春が来たよという目印でした。中国の人が「**梅**（め）」と呼《よ》んでいたので、日本では「うめ」になったといわれています。梅の仲良《なかよ》しはホーホケキョと鳴く「**うぐいす***」です。梅の仲間には、やがてこれから大きくなって、あの酸《す》っぱい梅干《うめぼし》になる実《み》をつけるものがあります。

また、先生の家の近くでは、このような「猫柳*（ねこやなぎ）」の芽《め》がでていました。この柳は大きくなっていくと、「綿*（わた）」をたくさん飛《と》ばします。このなかに種《たね》が入っていて、種で仲間《なかま》を増《ふ》やします。このように「土筆*（つくし）」も出ていました。漢字に「筆（ふで）」とあるように、よく見ると筆に似《に》ていますね。土筆も粉《こな》を飛ばして仲間を増やします。土筆は大きくなるとスギナ*という草になり、このように、地面の下で根を横に横にとどんどん伸《の》ばしていきます。

さて、春休みも終《お》わって、いよいよ今日から皆《みな》さんは新しい学年になります。ちょうど一年前が入学式だった皆さんは、今日《きょう》から二年生です。五年生だった皆さんは六年生になって、いよいよ最高《さいこう》学年です。今度《こんど》、三年生、四年生、五年生になる皆さんは、この学校のまんなかの学年になります。新しい学習との出会《であ》いが始《はじ》まり、新しい友だちや先生との出会いも待っています。春を迎《むか》えた梅や柳や土筆などの草木《くさき》が、夏《なつ》に向《む》かってどんどん生長《せいちょう》して自分を変《か》えていき、新しい実をつけていくように、皆さんもこれからの一年間、めあて、目標《もくひょう》をもってどんどん成長《せいちょう》していかなければいけません。そのためには、自分で学習して賢《かしこ》くなる栄養《えいよう》をたくさんとり、友だちや先生やお家《うち》のかたからも、「学習」や「あたたかい気持《きも》ち」という栄養をどんどんもらっていかなければいけません。

栄養をもらうといえば、先生は皆さんと同じ小学生の頃から、いつもこの頃になると不思議《ふしぎ》に思うことがありました。それは、もうすぐすると、葉《は》を食べているアゲハ*の幼虫《ようちゅう》が見られるようになりますが、どうして大人《おとな》の親指《おやゆび》の何倍《なんばい》もあるような、こんな丸々《まるまる》と太《ふと》った緑の虫が、きれいな模様《もよう》のある軽《かる》い羽根《はね》をもったアゲハ蝶*になるのかなあということです。皆さんのなかには教室で幼虫を蝶にかえしている人もいるので、もう知っている人も多いのですが、それは幼虫が蛹*《さなぎ》になるからなのです。でも先生の不思議は、この「**蛹**」のなかで何が起《お》こっているのかわからないという不思議でした。ところが本当《ほんとう》に偶然《ぐうぜん》なのですが、二年前に先生が旅行《りょこう》をしていたとき、昆虫《こんちゅう》を研究《けんきゅう》している日本人の先生と知り合うことができ、この不思議が少し解《と》けました。今日はその話をしましょう。

蛹になった幼虫は、蛹のなかで身体《からだ》が全部《ぜんぶ》壊《こわ》れて、このように*ドロドロの緑《みどり》の汁《しる》（**液体**《えきたい》といいます）になるそうです（ガラス瓶に緑に着色した水を準備する）。やがてそのなかから、少しだけ残《のこ》っていた幼虫の身体の一部（**細胞**《さいぼう》といいます）がこのドロドロの緑の汁を栄養にするために吸《す》っていき、蛹のなかで蝶の身体を作ってしまうそうです。なるほどと先生は感激《かんげき》してしまいました。蛹のなかにはすごい秘密《ひみつ》があったのですね。でも、蛹のなかの命《いのち》を大切にしないといけないので、蛹のなかを実際《じっさい》に観察《かんさつ》することがなかなかできず、蛹の秘密の研究はこれからなのだそうです。もう一つ、皆さんだけにとくべつに大切な話をしておきますと、蛹のなかで幼虫の身体が全部壊れるといいましたが、実は、幼虫の身体を壊す薬《くすり》のようなものは、私たち人間の身体にはとてもいいことをしてくれるもの（例えば、癌《がん》という人間の治《なお》し難《にく》い病気《びょうき》を退治《たいじ》してくれるなど）だとわかり、研究がすすめられているそうです。

こんなことを思い出しながら今度はアゲハ蝶を見てください。

アゲハは蝶になるために、子供の頃である幼虫のときには、どんどん葉を食べないといけないこと、せっかく太《ふと》った身体がドロドロの液体になってしまうけれども、それを栄養にして今度はりっぱな蝶

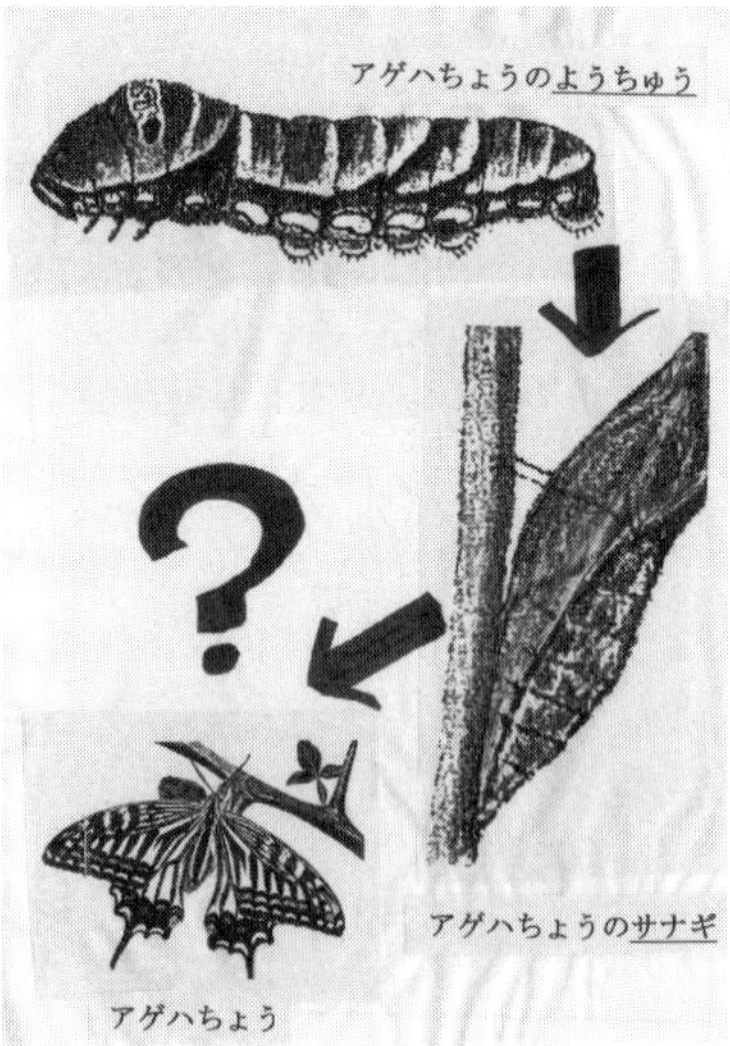

「さなぎ」のなかでは
何がおきているのかな

に変身《へんしん》できることがわかりました。今日から皆さんはまた新しいスタートです。新しい自分になるためには、梅や柳や土筆、そしてアゲハ蝶の話のように栄養をたくさん採《と》って成長しなければなりません。皆さんの場合は、食べものの栄養と心の栄養との二つを採ることが必要です。身体と心や気持ちを早く学校の生活のリズムにもどして、元気に学校と家とで過ごしましょう。今日から日本全国《にほんぜんこく》で交《こう》通安全運動《つうあんぜんうんどう》が始まります。学校へ来《く》る（**登校**《とうこう》といいますね）とき、学校から帰《かえ》る（**下校**《げこう》といいますね）とき、交通事故《じこ》などに巻《ま》き込《こ》まれないよう充分《じゅうぶん》に気をつけて、二十一世紀《せいき》の最初《さいしょ》の新しい学年を始めましょう。

これで、「第一学期《だいいちがっき》・始業式《しぎょうしき》」の話を終わります。

（二〇〇一年四月六日）

日本でも有名《ゆうめい》になった福島市の「花見山公園《はなみやまこうえん》」豊《ゆた》かな米作りの犠牲《ぎせい》になった「種《たね》まき兎《うさぎ》」の話

おはようございます。

四月も今日でちょうど半分が過ぎてしまいました。一年生の皆さんは、六年生のお兄さんやお姉《ねえ》さんに手伝《てつだ》ってもらって、やっと給食《きゅうしょく》ができるようになりましたね。今日この体育館《たいいくかん》にいる九百五十人くらいの皆さんは、毎日の暮《く》らしのリズムができてきましたか。

もう、校外学習で福島市の中心にある信夫山《しのぶやま》や、まわりの自然《しぜん》を大切《たいせつ》にして作ってある「小鳥《ことり》の森《もり》」（福島市内）へ行った学年がありますが、福島県《けん》は今がちょうど、桜《さくら》や桃《もも》などの春の花が真《ま》っ盛《さか》りで、一年で一番はなやかな季節《きせつ》なのですよ。とくに、福島市内にある「**花見山公園**」は、日本でも有名な写真家《しゃしんか》の一人である秋山庄太郎《あきやましょうたろう》さんが、とても美しい所だと誉《ほ》めてくださったので、日本のなかでも「花の美しさ」でよく知《し》られる場所《ばしょ》の一つになりました。花をゆっくり見たり、小鳥の声に耳を傾《かたむ》けたりして、花や小鳥の名前までわかるようになって欲《ほ》しいなあと思います。

ところで、皆さんは私たちの小学校から真正面《ましょうめん》に見える、福島市を代表《だいひょう》する山である吾妻山《あずまやま》に、いま、「**種まき兎**」と呼ばれる雪《ゆき》の形《かたち》が見えて来たのに気がつきましたか。福島市やそのまわりの場所では、昔《むかし》から、この兎の雪の形が見えると、皆さんがお家や学校の給食で食べるご飯《はん》の元《もと》である「**稲《いね》の種まき**」を始めたのです。そして今でも「稲の種まき」の目印《めじるし》になっているのですよ。ではどうしてこんな「種まき兎」ができたのでしょう。今日はその話をしてみたいと思います。これから先生がする話は、今から六十五年も前に（昭和11年）、福島市渡利《わたり》に住《す》んでいたおじいさんから聞いた話を、福島の人々がみんなで伝《つた》え合《あ》って、今でも残《のこ》っている貴重《きちょう》な話なのです。「種まき兎」の話にはいろいろなかたちがありますが、先生が今年《ことし》になって近所《きんじょ》のお年寄《としょ》りから聞いたかたちの話をします。

むかし、田沢村《たざわむら》に「**兎田**（うさぎでん）」という所があり、家族《かぞく》、兄弟《きょうだい》がいない子供《こども》がたった一人で住《す》んでいました。この子は山奥《やまおく》に田畑《たはた》を作り、兎の子を拾《ひろ》ってきて可愛《かわい》がっていました。――兎が多《おお》くいた所だったんでしょうね。実《じつ》は、校長先生がいま住んでいる所は、むかし田沢村だった所なのですよ。――

むかしは、このあたりは日照《ひで》り続《つづ》きで、田植《たう》えができず米《こめ》が取《と》れませんでした。村人《むらびと》は「**吾妻権現**《あずまごんげん》」といって、吾妻山の神様《かみさま》が祭《まつ》られている村の「**貝沼**《かいぬま》」で雨乞《あまご》い（天《てん》に向《む》かって、雨《あめ》を降《ふ》らせてくださいとお願《ねが》いすること）をしたのですが、効《き》き目がさっぱりありませんでした。

そこで、田沢村の人々は、「山伏《やまぶし》」という山で修行《しゅぎょう》をしている人の案内《あんない》で吾妻山に登《のぼ》り、村の「貝沼」と水の底《そこ》でつながっているという、山の上の「**雷沼**（かたちぬま）」に向かって、「雨たんもれ、龍王《りゅうおう》やーい」（雨を降らせてください、龍王様）といったのですが、やはり効き目がありません。

「**龍王**」というのは海の王様（外国《がいこく》でいえばネプチューン）ですから、「嵐《あらし》を起《お》こしてくれ」とお願いしたわけです。

田沢村に住むあの*一人っ子（以下、ペープサートを使用）も、裏山《うらやま》に登り雨が降るようにと拝《おが》みました。そこへ*二羽《にわ》のトンビが天高《てんたか》く飛《と》んで来たので、「トンビぴいひょろ目まわしてみせろ」というと、この子の*兎をつかんで吾妻山の方角《ほうがく》に飛んで行ったのです。

すると、やがて吾妻小富士《あずまこふじ》（吾妻山の頂上《ちょうじょう》が日本一高い富士山《ふじさん》の形に似《に》ているのでこういいます）に兎そっくりの雪の形が現《あらわ》れ、稲の種まきをすると雨に恵《めぐ》まれ、お米が取れるようになったのだそうです。あの子供は大きくなって長者様《ちょうじゃさま》になったそうです。

この話には、昔から米づくりをして来た人々の「**願《ねが》い**」がこめられています。それは、天の神様に一番近い吾妻山に向かって、雨を降らせてくださいとお願いしていることからわかります。ですから、雨を降らせる雷様《かみなりさま》（昔の人は「らいさま」と呼びました）とつながっている「雷沼《かたちぬま》」にお願いしていることは大切な点《てん》です。でも、神様は人間に対《たい》して、雨と引《ひ》き換《か》えに兎を取りあげる（犠牲《ぎせい》にすることですね）ようにしました。空の一番高い所を飛べるトンビが兎をさらったのはそのためです。では、トンビは何なのでしょう。トンビは天の神様の使《つか》いなのです。でも神様は、さらった兎を雪の形にして、いつまでも見られるように残《のこ》してくれました。

このように、天に向かってお願いをし、兎を犠牲にしてでもお米をたくさん作りたいという農家《のうか》の人々の願いが、「種まき兎」の話として福島市やそのまわりの場所に残っているのです。今では、福島県はお米の取れる量《りょう》が全国《ぜんこく》で第五位になっています。なかでも、福島県のまんなかにある郡山市《こおりやまし》は全国で第二位ですからすごいですね。お米を作る人々の苦労《くろう》を考えて、給食のご飯も自分が食べられるだけはしっかり食べてください。

　ではこれで、今月の「全校朝《ぜんこうあさ》の会《かい》」の話を終わります。

（二〇〇一年四月十六日）

（上段左）吾妻山《あずまやま》「種まき兎」の碑《ひ》とそばにある説明板《せつめいばん》（福島市蓬萊町）
（下段左）「種まき兎」のかたちになって現れる残雪《ざんせつ》

タンポポの根《ね》っこは一メートルもあるよ
桜《さくら》の花のこころを知《し》っていますか

おはようございます。

いま紹介《しょうかい》したように、この度《たび》、新しくこの小学校に転入《てんにゅう》してこられ、皆さんといっしょに学習や、暮《く》らしのお世話《せわ》をしてくださる先生方や職員《しょくいん》の方をお迎《むか》えして、今日から新しい学年になった皆さんの生活が始まります。生活や学習の始まりの式《しき》なので**始業式**《しぎょうしき》といいますが、今年の四月から、皆さんの附属《ふぞく》小学校では学習をする一年間のわけ方が大きく変わります。どのように変わるのでしょう。

今までは夏休《なつやす》みまでを第一学期、冬休《ふゆやす》みまでを第二学期、春休《はるやす》みまでを第三学期と三つにわけていましたが、今年度《こんねんど》といって、今日《きょう》から始まる一年間を、このように「**前期**（ぜんき）」と「**後期**（こうき）」の二つにわけます。「前期」は今月の四月から、スポーツフェスタが終わって秋《あき》の始まる頃《ころ》の十月初《はじ》めまでです。この間《あいだ》には、長い「**夏休み**」が入《はい》るので、四月に立《た》てた自分の学習のめあて、目標にゆっくり、じっくり取り組《く》めます。「後期」は十月から、次《つぎ》の年に入り、春休みの前までの三月までです。この間には同じように「**冬休み**」が入るので、一年間の仕上《しあ》げとか、まとめに向かった学習にじっくり取り組めます。

このように、附属小学校では、皆さんが長い時間をかけて、自分の学習のめあて、目標にとどくように、福島県の小学校としては最初に「前期」「後期」にわけた学習をしていきますから、落《お》ち着《つ》いて、真面目《まじめ》に毎日の学習に取り組みましょう。こうしてみると、今日から新しく進んだ学年での「**学習のめあて**」がどんなに大切《たいせつ》かわかったと思います。先生やお友だちやお家の方とも相談《そうだん》して、自分の学習のめあてをしっかり立ててください。

おや！　歌《うた》が聞《き》こえてきましたね。これはちょうど今頃《いまごろ》のことを歌った「♪春の小川《おがわ》」という歌です。きのう、先生は山の中に住んでいますから、小さな川のそばを歩《ある》きました。そうしたら、こんな「*ツクシ」とか、「*タンポポ」とか、「*姫《ひめ》おどり子草《こそう》」とか、春の七草《ななくさ》にあった「*仏《ほとけ》の座《ざ》」とかいう雑草《ざっそう》の花をみつけました。タンポポなんか、本当《ほんとう》は掘《ほ》ると*根っこがこんなに、一メートルくらいあるのですよ。この根っこで大人《おとな》の人は「タンポポコーヒー」を作っていますよ。

春になって花がいっぱい咲《さ》いていいなあと思っていたら、今日はちょうど、日本全国で行《おこな》われる「**花祭《はなまつ》り**」の日でした。始業式の日が「花祭り」の日でいいですね。「花祭り」は、世界でもとても偉《えら》い人の一人である「**お釈迦様《しゃかさま》**」の誕生日《たんじょうび》の四月八日をお祝《いわ》いする日で、これは、お隣《となり》の茨城県《いばらぎけん》のお寺《てら》で二百年以上も昔に行われた「*花祭り」の絵《え》です。写真がない頃ですから絵に描《か》いて残してきたのです。これはちょうど今日《きょう》行われている*京都《きょうと》の「花祭り」の写真です。京都は今から千二百年くらい昔には日本の中心《ちゅうしん》でしたから、その頃からの古い「花祭り」の行事《ぎょうじ》がずっと伝《つた》えられてきているのですね。千年以上もお祭りを続《つづ》けるというのはすごいことなのですよ。

さて、春の花といえば「**桜**（さくら）」ですね。桜の花の色がうすいといつまでも寒《さむ》いといわれます。今年は、普通の年ですと、福島ではこれから咲き始める桜がもうきれいに散《ち》っていますから、花の色は濃《こ》かったと考えられますね。ところで皆さんは、「**桜の花のこころ**」を知っていますか。ここに桜の*花が満開《まんかい》の写真があります。地《じ》面《めん》の上をよく見ると花びらがありません。花が咲くときはどんな花でも一番最初に開《ひら》く花があります。桜の花では、一番最初に開いた花は、その桜の木の全部《ぜんぶ》の花が開いて咲くまで待《ま》ちます。雨が降ってきても、風が吹《ふ》いてきても、じっと我慢《がまん》してみんなが咲き揃《そろ》うまで散《ち》らないで待ちます。時々《ときどき》、誰《だれ》かさんみたいに我慢できなくて雨《あめ》や風《かぜ》に負《ま》けて、何枚《なんまい》か散ってしまう花びらもありますが、みんなの花が開くまで辛抱強《しんぼうづよ》く待って、みんなの花が咲き揃ったときに、今度はいっしょに散っていくのです。まだ、散っていない桜の花の木があったら、本当かどうかよく観察《かんさつ》してみてください。

あと、夜《よる》の月も、春だけは変わった様子《ようす》をしていて丸《まる》い形がはっきりしていません。こんな月を「おぼろ月《づき》」といいます。春は水分《すいぶん》が多い南《みなみ》の風が吹いてくるので、こんな月になるのです。水分は冬の二倍もあるそうです。「おぼろ月」も観察しておいてください。

今日は、新しい先生、職員の方々をお迎えしました。そして、新しいわけ方で始まった「前期・始

花がみんなひらくまで
まっているサクラの木

業式」を行いました。また、花に囲《かこ》まれた「花祭り」の日の始業式でもありました。そして、春一番の花である「桜の花のこころ」を知りました。皆さんも、仲間のこと全部を思いやって咲いている「桜の花のこころ」を忘《わす》れないで、桜の花を見るたびに思い出し、誉《ほ》めてあげてください。

これで、「前期・始業式」の話を終わります。

（二〇〇二年四月八日）

四月に咲いている野草《やそう》の花をみつけました
一休《いっきゅう》さんになる試験問題《しけんもんだい》を考えてみよう

おはようございます。

四月の十五日になりました。四月のちょうどまんなかの日ですね。今日は初めて新しい一年生から六年生までの全員が揃った「全校朝の会」です。来年の三月まで、みんな仲良く元気で学習しましょう。一年生の皆さんとは入学式で三つの約束《やくそく》をしました。一つは、「おはようございます」、「こんにちは」、「さようなら」と挨拶《あいさつ》をしましょうでした。二つは「友だちをたくさんつくりましょう」でした。三つは「自分のことは自分でしましょう」でした。実《じつ》は、この三つは一年生以外《いがい》の皆さんにもいえることなので、二年生から六年生までの皆さんとも約束したいと思います。いいですね。

さて、今日はどんな日かといいますと、昔の人が「ひな祭《まつり》」をした日で、昔の三月三日なのです。そこで、先生は今朝も六時前に起きて近所を散歩《さんぽ》したところ、このような「桃《もも》*の花」が咲いていました。きれいですね。他《ほか》にどんな花が咲いているかなと、庭《にわ》の花も見てみました。

これは一人で静《しず》かに咲いている花なので「ひとりシズカ」*と名前《なまえ》がつけられました。この花も一人で咲いています。「**延齢草***（エンレイソウ）」といって、長生《ながい》きの薬《くすり》（年齢《ねんれい》が延《の》びるの意味《いみ》です）にされてきた植物《しょくぶつ》です。これは「カンアオイ*」といい、こんな花を咲かせますが、花が馬《うま》につける鈴《すず》に似《に》ているので「**ウマのスズクサ**」という人もいます。英語《えいご》では「**カウ**（牛《うし》）**ベル**（スズ）」（牛につける鈴の意味です）ともいいます。この植物は葉《は》も大切で、日本にしかいない、「**ギフ蝶《ちょう》**」という蝶々《ちょうちょう》の幼《よう》虫《ちゅう》だけが食べる葉としても知られています。

こうした花が咲きますと、春も終わりに近《ちか》づきます。暦《こよみ》のうえでは今日から虹《にじ》が見えだすそうです。蛙《かえる》も土から出てきました。山では「**春《はる》**（の）**蝉《せみ》**」が鳴《な》いています。ところで、「春」という言葉《ことば》は植物の芽《め》が「**張《は》る**」とか、「**発**（ハル）」とか、「**晴《は》れ**」の日が多くなるということからきているそうです。英語では春は「**スプリング**」といいます。スプリングは「**バネ**」の意味ですが、春がどうしてバネなのでしょう。みんなの好《す》きなクイズを解《と》くようですが、春になると植物がバネみたいに、飛《と》び跳《は》ねるようにして元気《げんき》よく成長《せいちょう》するので、スプリングが春の意味になったのではないでしょうか。

クイズという言葉がでたので、最後にクイズをよく解いたことで有名な「**一休さん**」の話をしましょう。一休さんには、「**この橋渡《はしわた》るな**」と書いてあるのにどんどん渡ってしまい、「どうして渡ったのだ」と聞《き》かれると、「ですから**はし**ではなく**まんなか**を渡って来ました」と答《こた》えたという有名《ゆうめい》な話があります。意地悪《いじわる》な人が、「ここに虎*《とら》の絵がある、虎をこの絵のなかから追《お》い出してくれ」といわれると、「わかりました。では私《わたし》が虎を縛《しば》りますから、あなたは虎を追い出してください」といって、反対《はんたい》に意地悪な人を困《こま》らせた話もあります。

そういう一休さんは、のちに偉《えら》いお坊《ぼう》さんになりました。これが年*《とし》をとった一休さんです。でも、一休さんにも偉いお坊さんになるための難《むずか》しい試験《しけん》がありました。クイズではなく真面目《まじめ》な試験でした。それがどんな試験の問題《もんだい》だったかはよくわかりませんが、今日はとくべつ皆さんに、その頃《ころ》の試験にあったと思われる問題をお知らせし、いっしょに考えてもらいましょう（以下、和尚と小僧の会話はペープサートを使用）。

あるとき、*和尚《おしょう》さんと*小僧《こぞう》さんとが道《みち》に迷《まよ》い日が暮《く》れて来ました。すると、近くに川が流《なが》れているのに気がつき、川岸《かわぎし》に行ってみると*野菜《やさい》の葉っぱが一枚流れて来ました。すると小僧さんは、「和尚さん、野菜の葉っぱが流れて来るということは、この川の上の方に人が住《す》んでいるという証拠《しょうこ》です。行って今晩《こんばん》泊《と》めてもらいましょう」といいました。さて、あなたが和尚さんならどう答えますか。

こういう問題です。先生は、泊《と》まるところもなく困《こま》っているので、小僧さんのいうことはいいなあと思っていたのですが、お坊さんになる人からみれば、小僧さんの考えはまだまだ修行《しゅぎょう》が足《た》りない人の考えだそうです。では、りっぱなお坊さんになる試験に合格《ごうかく》するためには、どのように考えて答えるといいのでしょう。皆さんも考えてみてください。和尚さんの考え方、あるいは答えは五月に話し

弟子《でし》が描《えが》いたほんとうの一休（宗純）さん

ます。

それではこれで、四月の「全校朝の会」の話を終わります。

（二〇〇二年四月十五日）

緑《みどり》の命《いのち》を味《あじ》わう日本、緑の命と合体《がったい》する外国《がいこく》
白鳥《はくちょう》が三月でなく四月の終《お》わりに帰《かえ》ったのはなぜ

おはようございます。

見てください。林檎*《りんご》の花が咲きました。きれいですね。五月になりました。五月は暦《こよみ》のうえでは「**夏**」の始まりで、あと四日たてば五月五日の「**子供の日**」です。この日はまた「**立夏**《りっか》」といって、夏の始まりの日なのです。そろそろ、「**早苗**」（さなえ）を植《う》える「**田植《たう》え**」も始まりますが、昔の人が五月のことを「**さつき**」と呼んだのは、「**早苗の月**」からきているようです。

ちょっと耳《みみ》をすませてください（♪「若葉《わかば》」）。いま皆さんが聞《き》いたのは「若葉」という合唱《がっしょう》の曲《きょく》ですが、ちょうど緑《みどり》がぐんぐん伸《の》び、ふくらんでいく五月にふさわしい曲です。先生も洋服《ようふく》に「緑の羽《はね》」をつけましたが、そうです、五月は夏に向かう「**緑の月**」なのです。

そういえば、五月には、私たち日本に住んでいる人々はこの元気な「緑」を食べたり、緑の香《かおり》を身体《からだ》のなかに入《い》れます。これは「うこぎ*」という木の葉ですが、今頃になるとご飯《はん》に入れて食べます。これは「*よもぎ」という草ですが、やはりお餅《もち》などに入れて香といっしょに食べます。その他、この時《じ》期《き》には、山菜《さんさい》といって「タラの芽《め》」、「独活《うど》」、「ワラビ」、「ゼンマイ」なども食べます。この桜餅《さくらもち》に使《つか》

う「**桜の葉**」や、チマキに使う「**笹《ささ》の葉**」や、柏餅《かしわもち》を包《つつ》んでいる「**柏の葉**」などは、餅を食べるときに緑の色や香も楽しみます。また、「**菖蒲《しょうぶ》**」はお風呂《ふろ》に入れて、私たちは香のついたお湯《ゆ》に入りますね。このように日本では、ぐんぐん大きくなっていく植物《しょくぶつ》の「**緑の命《いのち》**」を味《あじ》わうのです。

外国《がいこく》ではどうなのでしょうか。英語では五月を「**May**（メイ）」といいますが、この言葉はもともと、「一日に三度《さんど》乳搾《ちちしぼ》りのできる月」という意味（約《やく》600年前のこと）からできたのだという考え方があります。この考え方に拠《よ》れば、牛の食べる草や葉が多い月ということであり、やはり、外国でも五月は「緑の月」なのです。

このことがよくわかるのは、今でも外国（ヨーロッパ）では五月になると、このように緑*の木のまわりで踊《おど》る「May《メイ》 Day《デイ》」というお祭りをしていることからもわかります。このお祭りは元々《もともと》は二千年以上《いじょう》も前からありましたが、この写真《しゃしん》のようなお祭りの形になったのは今から五百年くらい前です。先生がもっとすごいなあと思ったのは、外国の人は緑の木と合体《がったい》して、「緑の命」をもらおうとしていることです。この写真を見てください。*人間と緑の木とが合体しています。こんな彫刻《ちょうこく》や絵が外国にはたくさん残っているのですが、男の人の顔が木の葉といっしょになっています。これは、人間の命が「木の命」から生まれるのだということを表《あらわ》している作りものだそうです。皆さん写真に驚《おど》きましたね。

木の葉と合体した人間の顔は
ヨーロッパの大聖堂《だいせいどう》でよくみられる

日本と外国とでは様子がずいぶん違いましたが、どちらも五月になると、人間は「**木の緑の生命力**《せいめいりょく》（命の力）」を自分の身体《からだ》のなかに取り入れようとしてきたことがわかったと思います。皆さんも植物の緑の命の力を感じ《かん》ながら、植物に負《ま》けないように五月を迎《むか》えて欲《ほ》しいと思います。

最後に、皆さんに考えてきて欲しいことをいいます。実《じつ》は、冬の間《あいだ》、阿武隈川《あぶくまがわ》に、阿武隈川は福島県の一番南《みなみ》から流《なが》れて来て、福島市内を通《とお》り、福島県の一番北《きた》を流れ出ていく、東北地方《とうほくちほう》で二番目に大きな川ですが、この川に来ていたたくさんの白鳥《はくちょう》が、一週間《いっしゅうかん》前に遠い遠《とお》い北のシベリアという所《ところ》へ帰《かえ》りました。本当《ほんとう》は一か月以上も前の三月の間に帰るのがふつうだったのです。では、どうして白鳥は、ケガや病気《びょうき》をしたわけではないのに、四十日くらいも帰るのが遅《おく》れてしまったのでしょう。白鳥の帰りが遅れた秘密《ひみつ》は、六月の「全校朝の会」で話します。それまでに皆さんはそのわけについて考えておいてください。

それではこれで、五月の「全校朝の会」の話を終わります。

（二〇〇一年五月一日）

一秒間《いちびょうかん》に八十匹《ぴき》の鮎《あゆ》が眼《め》の前の滝《たき》を通過《つうか》していく話
歩《ある》く魚《さかな》、針《はり》だらけの魚、身長《しんちょう》五メートルの魚の話

おはようございます。

五月の連休《れんきゅう》も終わり、緑の木がぐんぐん伸びて、いよいよ落《お》ち着《つ》いて学習ができるようになりました。きのうは「立夏《りっか》」といって春と夏との境目《さかいめ》でしたから、今日からは暦《こよみ》のうえではすっかり夏に入ったことになります。この学校からはまだ山の雪が見られるのに早いですね。また今日は、暦のうえではこんな＊雨蛙《あまがえる》が鳴き始める日にもなっています。

さて、五月五日の「子供の日」にはたくさんの＊鯉幟《こいのぼり》が見られました。鯉《こい》は滝《たき》を昇《のぼ》って「龍」＊（ドラゴン）になると昔からいい伝えられ、子供が大きく成長し強くなって欲しいという大人の願いがこめられているのです。他には、鮭《さけ》や鮎《あゆ》などが急《きゅう》な川の流れを上《のぼ》っていく魚《さかな》として知られていますが、みんな元気だから川や滝を上っていく力《ちから》があるのです。一つの場所《ばしょ》で調《しら》べたところ、鮎は一秒間《いちびょうかん》に八十匹もその場所を上っていったという記録《きろく》があります。みんなの二つの学級《がっきゅう》の人が全員《ぜんいん》、アッという間《ま》に川を上ったと考えると凄《すご》いですね。そういえば、皆さんはこの間《あいだ》まで、「魚を食べると――」と、魚の歌を朝、学習が始まる前に元気よく歌い、また踊《おど》っていましたね。そこで今日は、これまでに先生が

出会《であ》った珍《めずら》しい魚の話をしましょう。

これは「**河豚***」と書いて「フグ」と呼《よ》ぶ魚です。ところが、先生が小学生の頃、海岸《かいがん》の砂《すな》が見えなくなるほど、ちょっとかわったこんなフグの仲間《なかま》が打《う》ち上《あ》げられました。「針千本《*はりせんぼん》」といって、栗《くり》のイガのような鋭《するど》い針《はり》が身体中《からだじゅう》にたくさんあり、今でも海のある町《まち》では魔除《まよ》けとして玄関《げんかん》に飾《かざ》っているようです。人形《*にんぎょう》にもなっていますよ。

次《つぎ》に先生が驚《おど》いたのは、南アメリカのアマゾン河《がわ》に住んでいるという「**ピラルクー**」（「赤《あか》い魚《うお》」の意味）という魚《さかな》です。この魚は河に住む魚では世界一大きいというので、先生は日本のあちこちの水《すい》族館《ぞくかん》に見学《けんがく》に行きました。ふつうの大きさはこれくらい（２*メートルのピラルクーの写真・実物大にする）ですが、この大きさの二倍以上の五メートルにもなる仲間もいるようです。見てみたいですね。この魚を捕《つか》まえている地元《じもと》の人は、鱗《うろこ》を靴《くつ》ベラや料理《りょうり》のための包丁《ほうちょう》として利用《りよう》しているそうです。

次に、先生が小学生の頃から見たいなあと思っていたのは、この「**シーラカンス***」という魚です。この魚は恐竜《きょうりゅう》よりも前（３億年以前《おくねんいぜん》）に生きていた魚ですが、皆さんもそれだけでも見たいと思いませんか。鱗は青《あお》く、尻尾《しっぽ》は扇子《せんす》みたいで、何といっても鰭《ひれ》が発達《はったつ》していて、足の代《か》わりをしている点《てん》が変《か》わっています。つまり、この魚はこの写真のように「歩《*ある》く魚」なのです。なぜ歩くのかといいますと、水がなくなっても土の上で生きていけるように身体《からだ》を変えたからです。ですから、この魚には鰓《えら》の他《ほか》に、私《わたし》たち人間と同じ肺《はい》もあって、肺で呼吸《こきゅう》もできるのです。よく調《しら》べると、この魚の祖先《そせん》には「蛙」や「イモリ」になっていった仲間がいます。先生がシーラカンスを見たいと思ったのは、実はこの魚が「蛙」や「イモリ」になれなかった魚だったからなのです。シーラカンスは先生が生まれる少し前（1938年）にアフリカの漁師《りょうし》さんが網《あみ》で捕《つか》まえました。ところがこの魚は、この体育館から、みんなの後《うし》ろにある運動場《うんどうじょう》の東《ひがし》の端《はし》の道路《どうろ》くらいまでの深《ふか》さになりますが、海の底《そこ》二百メートルに住んでいるので、海の上に出るとすぐに死《し》んでしまうのです。捕まえられたシーラカンスは日本に来たことがありますが、また来る機会《きかい》（チャンス）があると思いますので覚《おぼ》えておいてください。

蛙やイモリになれなかった魚が生きていたというのは、先生には驚きでした。ところで皆さんは、「**鳥**《とり》」は何が鳥になったと考えますか。この写真を見てください。これは鳥の祖先がわかったといわれている、「＊始祖鳥《しそちょう》」の化石《かせき》の写真です。ところが、よく見ると人間と同じ歯《は》があり、前の羽根《はね》の先には鱗《うろこ》のある手に五本の爪《つめ》がついています。つまり、今のところまでの研究では、この写真のような化石を証拠《しょうこ》に、一つの有力な考え方として、鳥には蛇《へび》やトカゲの仲間（爬虫類《はちゅうるい》といいます）からなったものがいるとされています。小学生だった先生は、とても長い時間をかけて、魚の仲間から蛙になったものがあり、蛇やトカゲの仲間から鳥になったものがあるという事実《じじつ》が面白《おもしろ》いと思い

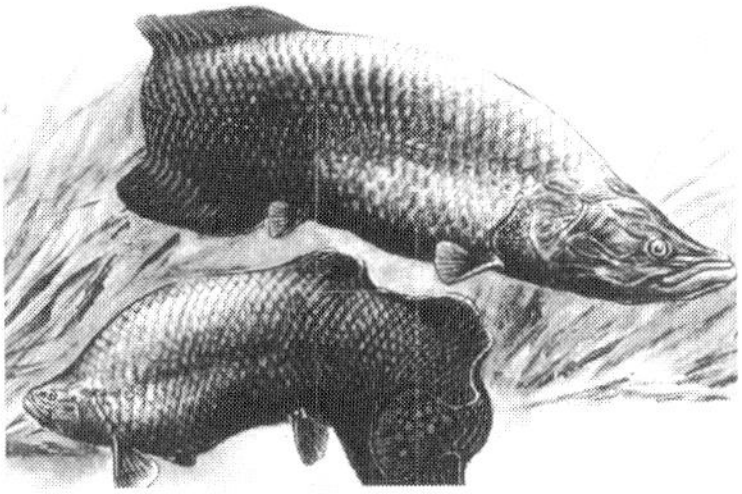

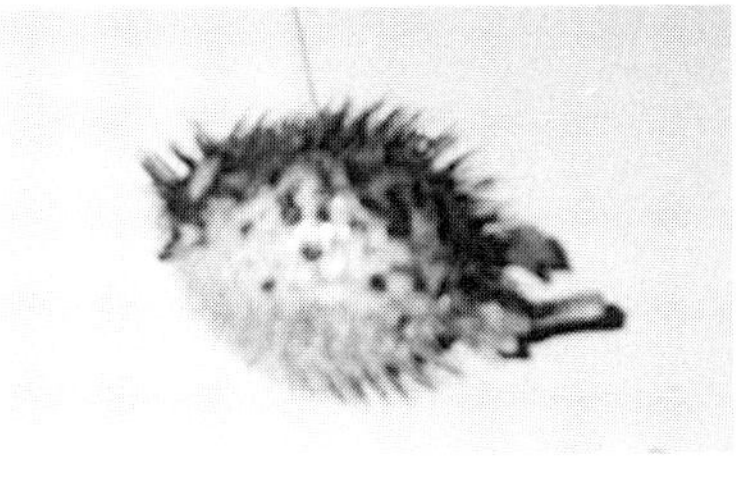

（上段）からだの長さが2メートルのピラルークー
（中段）海のそこをヒレを使って歩くシーラカンス
（下段）からだぜんぶに針《はり》のあるフグ（針千本《はりせんぼん》）

ました。

さて、魚の話の最後は「鯛*《たい》」についてです。「腐《くさ》っても鯛」といわれるように鯛は美味《おい》しい魚ですが、賢《かしこ》い魚でもあるのです。先生が本当《ほんとう》に鯛が賢いと知らされたのは、父《ちち》と海でこうして、鯛がたくさん住んでいる島*《しま》を取り巻《ま》いて網《あみ》を打《う》ったとき（模型で示す）のことです。他《ほか》の魚は網にかかるのに、鯛は一匹《いっぴき》も網にかかりません。どうしてでしょう。そのうち、父がいっしょに海の底《そこ》に潜《もぐ》ろうといったので、潜って島の底を見て驚きました。たくさんの鯛が、まるで瓦《かわら》を積《つ》み重《かさ》ねたように、みんなで横《よこ》になって長い間じっとしていたのです。あわてて島の外《そと》に逃《に》げていくと網にかかるわけですから、そのことを鯛は知っていたのです。皆さんも、何か大きな事件《じけん》が起《お》きても、まず落《お》ち着《つ》いて騒《さわ》がない鯛のような賢さをもちたいですね。

これで魚の話を終わります。最後に、四月の「全校朝の会」で約束《やくそく》しておいた、和尚《おしょう》さんになるための試験《しけん》の、すばらしい答《こたえ》について話します。小坊主《こぼうず》は、「野菜《やさい》の葉《は》が流《なが》れて来たのだから、きっと川の上流《じょうりゅう》に人が住んでいます、泊《と》めてもらいましょう。」と、とても賢いことをいったはずなのですが、和尚さんは、「野菜の葉一枚《いちまい》でも大切《たいせつ》にしない家《いえ》なんかにはとても泊まれないよ」といったそうです。賢くても、ものやものの命のことを大切に考えていないとだめなのですね。

それではこれで、五月の「全校朝の会」の話を終わります。

（二〇〇二年五月七日）

掃除《そうじ》の言葉《ことば》とスポーツの言葉とは仲《なか》がよい
掃《は》き掃除、拭《ふ》き掃除、ごしごし洗《あら》いについて

皆さんこんにちは。

今日は子供さんたちといっしょに学校の掃除《そうじ》、清掃《せいそう》にご協力《きょうりょく》をしていただくということでご来校願《らいこうねが》いました。誠《まこと》に有難《ありがと》うございます。ご協力のほどよろしくお願い申《もう》し上《あ》げます。清掃活動《かつどう》ということなので、今日は「掃除」という言葉について簡単《かんたん》な話をします。

まず「**掃除**」という漢字《かんじ》ですが、「掃」は〈**帚**（ほうき）**＋手**《て》〉ですね。「帚（ほうき）」は〈**⺕木・ほうきが立《た》て掛《か》けてある形**〉からきています。「除」は〈**余**（たてもの）**＋阝**（かいだん）〉ですが、「すてる」の意味の漢字の※「捨」に似ているということで、現在の「のぞく」の意味になったという考え方があるようです。また、昔は日本では、「掃除」は「そうじょ」とも発音し、「掃地（そうち）」とか「掃治（そうじ）」とも書き表していたようです。

英語では「掃除」のことは「**Cleaning**（クリーニング）」（意味は「きれいにすること」です）といいます。野球《やきゅう》の言葉に**Clean up**《クリーンナップ》（走者一掃《そうしゃいっそう》）という言葉がありますが、塁《るい》にためたランナーを本塁《ほんるい》まで還《かえ》してしまう、つまり、掃除をしてしまう強《つよ》い打者《だしゃ》が揃《そろ》っているときにいいます。もともと、

「Cleaning」は「**Clean + se**（クレンズ）」という言葉でした。そういえば、クレンザーという洗剤名《せんざいめい》がありますね。

また英語では、「掃除」を意味する「Cleaning」という言葉は、さらにくわしい言葉にわけられています。まず、「**掃《は》き掃除**」を意味する「**Sweeping**（スウィーピング）」という言葉があります。日本語の「掃除」はこれに当《あ》たります。もともと、「Sweep」には「服《ふく》を引《ひ》きずって歩《ある》く」（こうすれば確《たし》かに少しは掃除になりますね）の意味があったようですが、「Sweep」「Sweep」といって街《まち》を歩いた煙《えん》突《とつ》掃除の仕事《しごと》——外国ではクリスマスにサンタクロースが煙突から入《はい》ってくるといわれていますから、とても大切な仕事だったのです——をした人の声からきた言葉だともいわれています。そういえば、今は使いませんが、サッカーには「スウィーパー」といって、ボールを取《と》り除《のぞ》く役目《やくめ》をする人を意味する言葉がありました。

次に、「**拭《ふ》き掃除**」を意味する「**Dusting**（ダスティング）」という言葉があります。ダストは塵（ちり）、埃（ほこり）、ゴミのことです。この言葉のもともとの意味は、「雲《くも》のように立ちこめるもの」のようですが、後《のち》に、お金や人間の肉体《にくたい》の意味にも使《つか》われました。「はかないもの」をいったのです。現《げん》在《ざい》では、野球の言葉で「Dust off」といえば「ピッチャーがバッターをめがけてボールを投《な》げること」（チリはらい）をいいますし、「Kiss the dust」といえば「屈辱《くつじょく》をなめる」の意味で使います。使い方や意味が広《ひろ》がってきました。

最後《さいご》に、「**こすり洗《あら》いの掃除**」を意味する「**Scrubbing**（スクラビング）」という言葉があります。

「rub」は「こする」の意味ですから「ごしごし洗い」のことです。もともとは「馬にクシをかける」からきたようです。ラブという言葉を使った洗顔料名《せんがんりょうめい》もあると聞いています。

それではこれで掃除の話を終わります。みなさん、クリーンな気持ちで学校をクリーンにしていただければと思っておりますので、どうかよろしくお願いします。

（「保護者といっしょに聞く掃除の話」より——上級生の放送委員がカメラマン、ディレクターの構内テレビ放映——二〇〇一年五月十六日）

御用聞きスタイルのクリーニング屋

日本で最初のクリーニング屋さん〈明治時代〉
（日本の漫画より）

山の水が海の魚を育《そだ》てる「魚付《うおつ》け林《りん》」を知っていますか　頼《たよ》りになるのは「山の雪《ゆき》」、野原や林ではありません

おはようございます。

今日から六月です。日本では昔から六月のことを「**みなつき**」といいました。漢字《かんじ》では「**水無月**」と書きます。「**みずのつき**」という意味ですから、六月は水につながりのある月なのです。だから、プール開《びら》きにふさわしい月でもあるのです。もともと、「プール」という言葉は「ためる・たくわえる」という意味ですから、「プール」とは「水をためた入れもの」のことなのです。

六月が「水の月」ということの元々《もともと》の意味は、上級生《じょうきゅうせい》になると皆さんも郊外《こうがい》に出かけていって田《た》植《う》えをしますが、「田んぼに水を引《ひ》く」という意味での「水の月」なのです。古《ふる》い昔から日本は稲《いね》、お米《こめ》を作ってきた国《くに》でした。だから、日本のことを別《べっ》の呼び方で「**瑞穂**（みずほ）**の国**」、みずみずしい穂《ほ》がよく実《みの》っている国ともいったのです。そして、日本は世界一といってもよいくらい、水がきれいでおいしい国なのです。これも日本では昔からわかっていたことですが、魚《さかな》や貝《かい》などの海の生きものが豊《ゆた》かに育《そだ》つのも山の水のお蔭《かげ》なのです。その証拠《しょうこ》に、日本には今でもおいしい魚や貝を育てる「**魚《うお》付《つ》け林《りん》**」という山の林《はやし》があります。皆さんのなかには外国《がいこく》に行ってきた人もいるようですが、まだの

人もいつか外国に出かけてみると、水はジュースと同じで、お金《かね》を出さないと飲《の》めないことがわかります。世界では**五人に二人**の人が、飲み水のことで毎日困っているといいます。人の身体《からだ》は殆《ほとん》どが水でできていますから、私たちは水に恵《めぐ》まれている国に住んでいてよかったですね。

福島県あるいは東北地方に住んでいる私たちが、水のことで忘《わす》れてならないのは、プールの水もそうですが、暮《く》らしのうえで、また、電気《でんき》を起こしたりして毎日《まいにち》毎日たくさんの水を使《つか》うのに、どうして水はなくならないのだろうということです。その秘密《ひみつ》を先生は、宮澤賢治《みやざわけんじ》という詩人《しじん》が書いた、こんな詩で知りました。

たよりになるのは
くらかけつづきの雪ばかり
野はらもはやしも
ぽしゃぽしゃしたり黝《くす》んだりして
すこしもあてにならないので
（以下、略）
ほのかなのぞみを送《おく》るのは
くらかけ山の雪ばかりです

（詩「くらかけ山の雪」より）

はじめてこの詩を読《よ》んだとき、何《なん》で冷《つめ》たい、交通麻痺《こうつうまひ》を起こす「**山の雪**」なんかが「たよりになる」のだろう、「のぞみ」を送《おく》るのだろう、たよりになるのは植物《しょくぶつ》や動物《どうぶつ》が生きている「野はら」や「はやし」なのではないのかと思い、高校生《こうこうせい》のときにはよくわかりませんでした。でも、大人《おとな》になってわかったのです。冬に降る雪の量《りょう》が、その年の水の豊《ゆた》かさを決《き》めるのだということを。だから、暮《く》らしにとっては不便《ふべん》なことが多いのですが、本当は私たちは雪に感謝《かんしゃ》をしなければならないのです。日本の大都会《だいとかい》では、真夏《まなつ》になると水不足《みずぶそく》になり水道《すいどう》の水が出なくなることがよくあります。そんなとき、福島県は尾瀬《おぜ》の水を関東地方《かんとうちほう》に分《わ》けて（利根川《とねがわ》に流して）あげるのですよ。宮澤賢治は科学者《かがくしゃ》でもありましたから、冬の雪の多さと夏の水の豊かさのつながりをよく知っていて、「たよりになるのは／くらかけつづきの雪ばかり」と詩にうたったのです。なるほどなあと感心《かんしん》しました。

最後に二つお話しします。初《はじ》めは「**水色**《みずいろ》」についてです。水は本当は透明《とうめい》なのですが、太陽《たいよう》が当《あ》たると水色というように青《あお》く見えます。昔の世界中の人は、この色を何とか作りたいと考えて苦労《くろう》しました。今ではたくさんの種類《しゅるい》の青い色が科学の力で作り出せますが、昔は、自然《しぜん》のなかからそのまま取り出せる鮮《あざ》やかな青色は一つしかなかったそうです。ここにその青色の元《もと》になったものがあります。何でしょう。それは**ラピスラズリ**というこの青い*石なのです。だから、青色は清《きよ》らかで気高《けだか》い色として世界でも大切にしてきたのです。

あと一つは、六月一日の呼び方についてです。皆さんが住んでいる福島県では、昔から六月一日《ついたち》を「**ムゲ**（ギ）**のついたち**」といって、麦《むぎ》を刈《か》っていたそうです。麦は皆さんが給食で食べるパンの粉《こな》になります。昔の六月一日は、いまでいうと七月の始《はじ》め頃ですから、その頃はこの学校に植えている麦も黄色《きいろ》くなっていると思います。よく観察《かんさつ》してください。

六月は、大切できれいな「水の月」ですよという話をしました。怖《こわ》い怖い水の話は、今月の係《かか》りの先生がしてくださいますので、そちらもよく聞いてください。

それではこれで、六月の「全校朝の会」の話を終わります。

（二〇〇〇年六月一日）

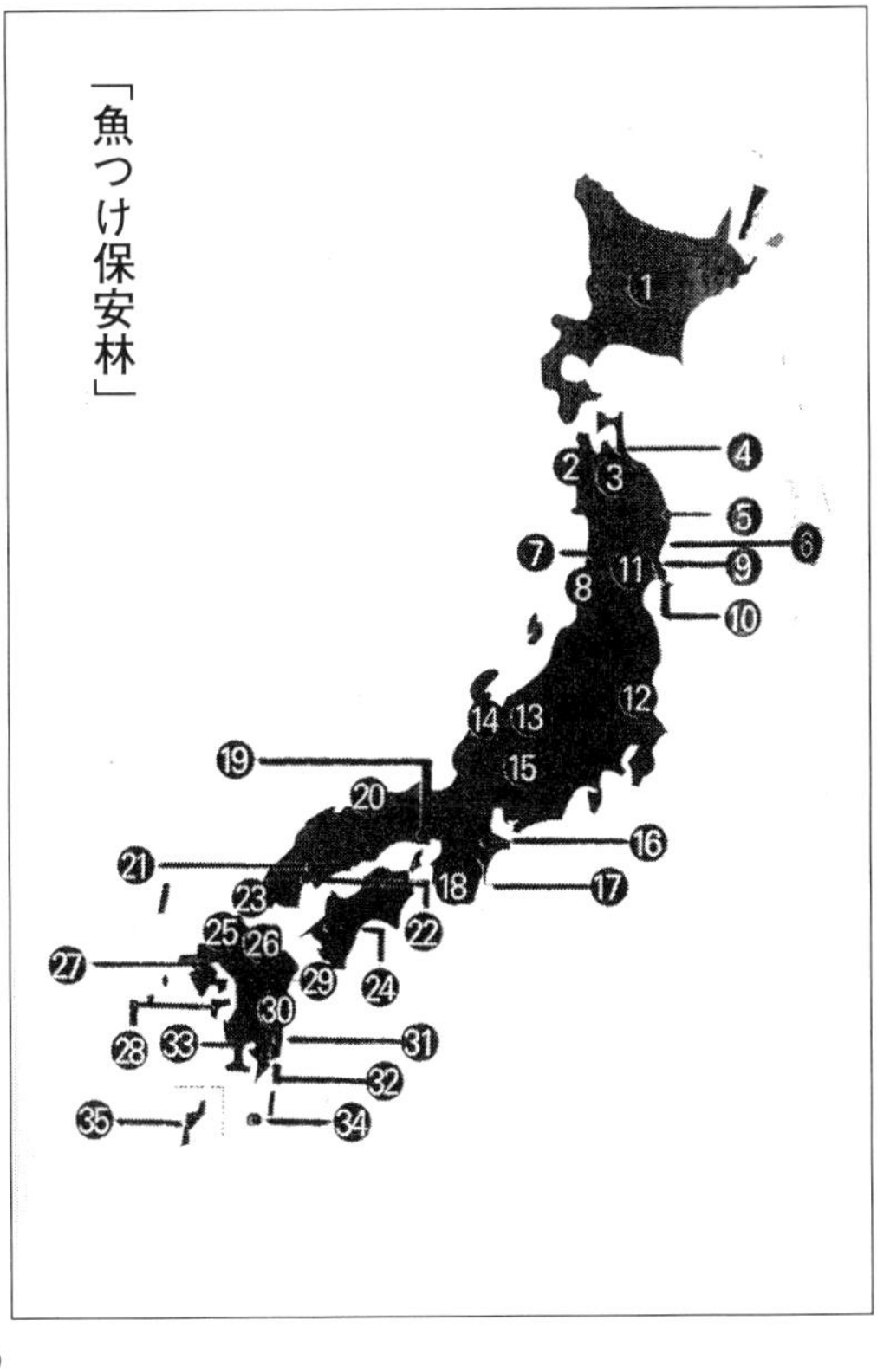

現在、日本全国35か所《しょ》に残っている「魚《うお》つけ（保安）林《りん》」の場所《ばしょ》

ホトトギスの鳴《な》き声を覚《おぼ》えよう
いま見ている海水《かいすい》は二千年前の海の水

おはようございます。

この頃は朝起きるともうすっかり明るくなっています。あと十日後の六月二十一日は「**夏至**《げし》」といって、昼間《ひるま》の明るい時間が一年で一番長い日になります。そういえば今頃は、朝四時過ぎには太陽が出て、夕方七時頃になって太陽が山のむこうに沈《しず》んでいますね。先生は毎朝早起きしますが、この頃はこんな「声」を聞きます。何でしょう。よく聞いてください♪（ホトトギスの鳴き声）。

これは「**ホトトギス**」という鳥の鳴き声です。皆さんも朝、学校に来るとき鳥が鳴いていたら注意して聞いてみてください。ホトトギスは夏を代表する、カッコウの仲間の、南から来る渡《わた》り鳥です。カッコウの仲間ですから自分の巣《す》に卵《たまご》は産《う》みません。今聞いたように、何だか悲《かな》しげに一所懸命《いっしょけんめい》に鳴き続《つづ》けるので、「鳴いて血《ち》を吐《は》くホトトギス」などといわれ、日本人が昔からとくに大切にし、とても気にしてきた鳥なのです。

さて、先週はプール開《びら》きがありましたが、今日六月十一日は、暦《こよみ》のうえではちょうど「入梅《にゅうばい》」といって、雨降《ふ》りの日が多くなる「**梅雨**（つゆ）**入**《い》**り**」の日です。今日から三十日間を「梅雨」といいます。ところが、実際《じっさい》の天気情報《じょうほう》では、今年の福島は梅雨入りが早くてこの間の六日でしたね。暦と実際の天気とではこのように毎年食い違いができるのです。それは毎日の天気が生きているものだからです。ではなぜ「**つゆ**」という文字は「梅の雨」と書くのでしょう。「つゆ」はもともと、この頃は「**露**（つゆ）」が多い季節《きせつ》ですよ、ということからきていますが、雨が多いちょうどこの頃、花のお兄さん（四月に紹介しましたね）で、梅ぼしになって薬《くすり》の代《か》わりをしてくれる「梅《うめ》」が、このように黄*色く熟《じゅく》した実《み》になるので「梅雨」と漢字《かんじ》を当《あ》てはめたのです。日本では昔から、「梅雨になると梅の実が食べられる」といわれてきましたが、この言葉《ことば》の意味がこれでわかりますね。

　梅雨がどうして起きるのかといいますと、「南《みなみ》の湿《しめ》った暖《あたた》かい空気《くうき》」と「北《きた》の冷《つめ》たい空気」とが、日*本の国をはさんで押《お》し合《あ》いをして動《うご》かないからで、こうなると、とても雨が降りやすくなります（日本地図全体を示しながら説明する）。この頃「むしあつい」（「**高温多湿**《こうおんたしつ》」といいます）わけは、このようにして空気が押し合いをして動かないからです。押し合いを続けるので三十日もの長い間、雨が降り続くのです。いよいよ「水の季節」の六月がやって来たわけです。

　ところで、水の季節といえば、先生はこの間、お店に買《か》い物《もの》に行ってこんな水を見つけました。海の水から作ったきれいなおいしい飲み水で、「*深層水《しんそうすい》」（５００ミリリットル）といいます。先生は子供の頃から、山で湧《わ》き出ている自然の水をもとにした水を飲《の》んできたので、水を買って飲む時代《じだい》が来るとは思ってもみませんでした。このペットボトルは百八十円しましたが、これと同じ量《りょう》の一番質《しつ》のいい、車《くるま》を走らせるガソリンが六十円ですから、車の燃料《ねんりょう》よりも水の方が三倍も高いのです。驚《おどろ》きました。

ではどうして海の水が飲めるのかといいますと、水は地球《ちきゅう》のきれいな海の底《そこ》をぐるぐるまわるとても大きな旅《たび》をしていて、いつも新鮮《しんせん》だからです（以下、＊水の旅の説明は縦長の模造紙を利用した海中の絵を使う）。まず、暖《あたた》かい地球の表面《ひょうめん》の水は、「海の流れ」に乗って北の海へと出発《しゅっぱつ》します。そこから、今度《こんど》は「**水の柱《はしら》**」（直径1キロメートル）になって海の底深《そこふか》くに沈《しず》んでいきます（毎秒2000万トン）。先生の買った「深層水」は、このあたりの深さ、福島県にある＊吾妻山《あずまやま》を逆《さか》さにしたくらいの深さ（西吾妻山は2024メートル）で採《と》ったとラベルに書いてあります（2200ｍで採取）。水はまだまだどんどん沈んでいって、日本一高い＊富士山《ふじさん》（3776メートル）を逆さにしたくらいまできました（**深層海流《かいりゅう》**といいます）。でもまだ終わりません。海の一番底の割れ目まで沈んで行きます。富士山の三倍くらいまで降りていきます。こうして海の最も深い底に着いた水は、世界の海の底へと広がりながら流れていって、今度は自分が出発した場所の海へとゆっくりと浮《う》かび上がりながら戻《もど》っていくのです（海水はみな太平洋《たいへいよう》の北に浮かび上がってきます）。

浮かんで来た水は冷《つめ》たいので、太陽に温《あたた》められた地球を冷《ひ》やします。温かくなった水は北の海にいって冷たくなっている地球を温めます。だから地球は住みやすいのです。冷たくなった水は、また海の底深く沈んでいく旅を続けます。このようにして、水の旅は出発してからもとの場所に帰ってくるまでに二千年かかります。現在、二〇〇一年ですから、いま福島県沖の海を北に向かって出発した水は、今度福島県沖《おき》に帰って来るのは二千年後の、西暦《せいれき》四千年ということになりますね。ですから、反《はん》対《たい》にして考えると、いま見られる海の水は二千年前の海の水だということになります。

今月は六月なので水の話をしました。最後に、五月の「全校朝の会」で出しておいた問題に答えましょう。考えてみましたか。白鳥はなぜ今年は帰りが遅《おそ》くなり、四月の終わりになってロシアの国の北にあるシベリアに帰ったのかなという問題でした。それは、シベリアが百年ぶりの大寒波《だいかんぱ》に襲《おそ》われていて「とても寒かった」からです。では、なぜそのことがテレビや電話のない白鳥にわかったのでしょう。それはわかったのではなくて、白鳥をシベリアに連れて帰ってくれる風が南から吹《ふ》いてこなかったからです。

この、帰りが遅くなった白鳥のことから、私たちは地球の海の水の旅がうまくできなくなっていることがわかります。地球が冷たくなると「**氷河**《ひょうが》」におおわれます。地球が暖かくなると「**洪水**《こうずい》」になります。海の水も地球の温度に関係しています。海の水がよく暖められないと氷河が多くなり、海の水がよく冷やされないと海の氷《こおり》を溶《と》かしてしまうのです。海の水がうまく旅をしている間は地球は安全なのですから、地球に住む私たちは、まず水や空気を汚《よご》さないように努力《どりょく》しないといけませんね。

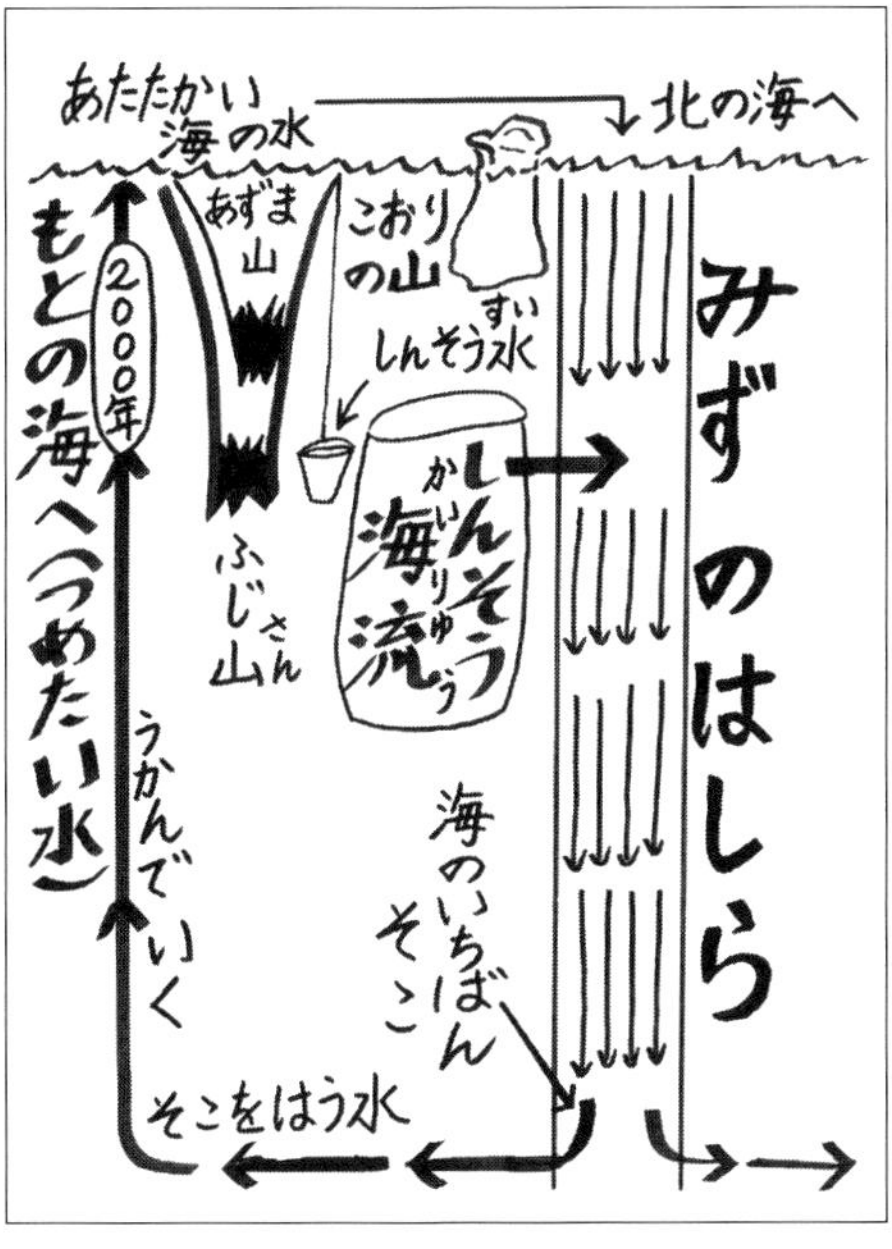

北の冷たい海へ出発した水が、もとの海へ帰って（浮上して）くる2000年の旅をわかりやすく説明した図

それではこれで、六月の「全校朝の会」の話を終わります。

（二〇〇一年六月十一日）

サンゴが吹雪《ふぶき》のように卵《たまご》を産《う》む季節《きせつ》です
日本のプールは福島県《けん》から生まれました

おはようございます。

あいさつ運動《うんどう》が広《ひろ》がって、毎日、気持ちのよい、気持ちをこめたあいさつが学校のなかでも外でも聞こえてきます。先週は福島県の先生方はもちろん、全国からたくさんの先生方が皆さんの学習《がくしゅう》する様子《ようす》を参観《さんかん》に来られ、どの先生方も、「皆さんとても楽しく、よく考えて学習していますね」といってくださいました。よかったですね。これからも、わからないところ、困《こま》ったことは教《おし》え合《あ》い、相談《そうだん》し合って、みんなで仲良く協力《きょうりょく》し合って一所懸命に学習して欲しいなあと思います。

さて、いよいよ今日から「プール開き」ですが、今頃の日本はお天気も大変よい、明るいときです。明日は「**芒種**（ぼうしゅ）」といって、稲穂《いなほ》のように先に細い毛（「芒」といいます）のある植物を「種（う）える」日、つまり、遅い、早いはありますが、日本全国で田植えが本格的に始まる日です。あさっては夜も明るい「満月《まんげつ》」です。夏に入った満月の夜には、南の海では「**珊瑚**（さんご）」が小さなオレンジ色の卵を産むのですが、それはまるで海の底が吹雪《ふぶき》になったみたいです。こんなすてきな時期にプールで水泳の学習ができるのは楽しいですね。

ところで、先生が調《しら》べたところによりますと、皆さんの目の前にあるようなプールが日本で最初につくられたのは、今からちょうど八十五年前（大正五年〈一九一六年〉、旧制《きゅうせい》茨《いばら》木《き》中学）の「**大阪**（府《ふ》）」です。ここで皆さんに問題を出します。先生はプールについて調べていて大発見をしましたが、それは、いま目の前にあるようなプールではなく、もっと古い形の、日本で生まれたといってもよいプールが最初にできた場所についての発見でした。さて、日本最初の古い形のプールはどこでできたと思いますか。

実は、それは今みんなの住んでいる「福島県」で、場所は、武士《ぶし》・サムライが国を治《おさ》めていた江戸《えど》と呼ばれた時代の「**会《あい》津《づ》**」です。もっと詳《くわ》しくいえば、会津を治めていた「会津藩《はん》」がつくった学校（日新館《にっしんかん》といいます）だったのです。では、どんなプールだったのでしょうね。この頃にはまだ写真がなかったので、その当時に書かれて残っているスケッチ*（絵）を見てください。これは「**水練《すいれん》水《すい》馬《ば》池《いけ》**」といって、人や馬が水泳ぎの練習をするためにつくった池、つまり、古い形のプ

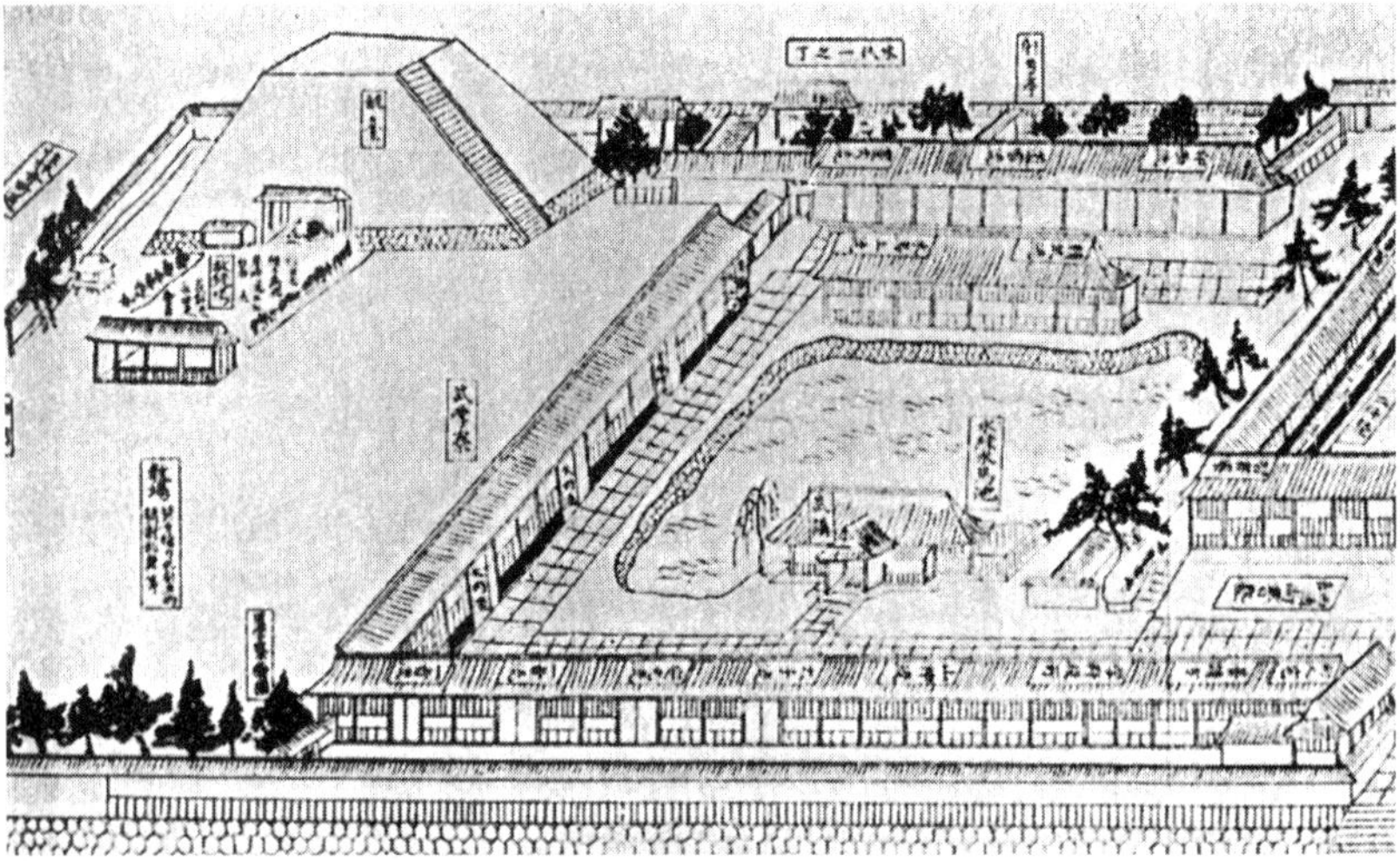

1801年にできた日新館内の水練水馬池
すでに200年前の江戸時代より、ここで水泳訓練をしていた

ールなのです。プールと福島県とはつながりの深いことがわかったでしょう。

　さあ、皆さんのなかにはまだ水に慣《な》れることができなくて、水が恐《こわ》いという人がいるかも知れませんね。本当は、恐いと思っている人のほうが安全《あんぜん》なのですよ。でも、もともと人間は水と仲《なか》のよい関係にあるのです。第一に、人間の身体《からだ》の約八十パーセントは水分《すいぶん》です。第二に、私たちは生まれてくる前の十か月間は、このようにお母さんのお腹《＊なか》のなかにある水に浸かっている（絵）のです。水中生活をしてから、お母さんのお腹の外に出てくるのです。だから、本当は皆さんは水とは仲よしなのですから水を恐がらなくてもよいのです。

　今日は、プールの元祖《がんそ》は福島県にあったこと、水と人間とはもともとは仲がよかったことなどがわかりました。プールは一個、二個ではなく、一面《めん》、二面というように、「**面**」という単位で数《かぞ》えることも覚《おぼ》えておきましょう。最後に、秋から冬、春にかけて長いあいだ汚《よご》れていたプールをきれいに掃除《そうじ》してくれた六年生に感謝《かんしゃ》しましょう。有難《ありがと》うございました。とくに最初に掃除をしてくれた学級の皆さんは、泥とゴミが多くて大変でした。鴨《かも》が二匹《ひき》も住みついていました。明日は**世界環境《せかいかんきょう》デー**で、環境をよくしましょうと、世界に呼びかけて運動をする週間《しゅうかん》が始まります。プールを汚さない、水を汚さないという気持ちで、安全なプールでの学習を心がけましょう。

　それではこれで、今年の「プール開き」の話を終わります。


（二〇〇一年六月四日）

「アクア」は世界共通《せかいきょうつう》の言葉、「水」の意味《いみ》です 人魚《にんぎょ》のルーツは、なんと「ゾウ（象）」なのです

おはようございます。

日本全国からお出でくださった、たくさんの先生方に皆さんの学習をみていただいた研究公開も終わり、いよいよ一年の半分の月である六月に入りました。日本では六月は水とつながっている月です。例えば、来週の今日は、雨の日が多くなる「**梅雨**」に入りますし、今日はプール開きです。そこで今日は、プールや「水」に関係する話しをしたいと思います。

皆さんは、今年の泳ぎの距離《きょり》と速《はや》さの目標をたてて、それにチャレンジするわけですが、ここにある「泳《およ》ぐ」という漢字をみてください。「**泳**《えい》」の字は、左は「**サンズイ**」といって水の意味があります。右は「**エイ**」と読んで、ものがこのように水の上を「**うねうねする**」ことを意味します。このことから、「泳ぐ」ということは、元々《もともと》は水の上でうねうねする様子をさしていたことがわかります。

さて、皆さんはプールに入ると少し自分の身体が軽くなることがわかりますね。でも、どれくらい軽くなるかを実験《じっけん》したことはないでしょう。どれくらい軽くなるのでしょうね。二千年以上も前のギリシアに住んでいた「**アルキメデス**」という人はこのことを実験し、人が水に入ったときは、その人

が**おしのけた水の分**《ぶん》（かさ、量《りょう》といいます）だけ軽くなることを発見しました。ですから、たくさんおしのければおしのけるだけ身体の浮く力が強くなるのです。やせた人は損《そん》ですね。重《おも》い船《ふね》が浮くのはそのためです。先生は子供の頃、重い鉄《てつ》でできている大きな船《ふね》が、どうして海に浮かぶのか不思議で不思議で仕方《しかた》がありませんでしたが、アルキメデスの発見を知って、重いものが水に浮く理由がよくわかりました。

また、大昔から人間は、このように大きなコップのような器《うつわ》を逆《さか》さまにして水に沈《しず》めると少しだけ空気が残る隙間《すきま》ができることを知っていましたから、ガラスの大きな器を使って水のなかの景色《けしき》を見たり、水中でいろいろな工事《こうじ》や作業《さぎょう》をしたりしました。人間が水にたくさんのチャレンジをしてきたことがよくわかります。

ところで先生は高校生の頃に、地球も人間の身体も殆《ほとん》どが水でできているのだから、「水」という言葉は世界中で似《に》ていてもよいのになあと考えていました。それは、「お茶《ちゃ》」という言葉が世界中で似ているので、そう考えたわけです。さてどうなのでしょう。「水」という意味の古い言葉は、皆さんがすきなピザやサッカーが強いことで知られるイタリアの国で使われていた「**AQUA・アクア**」（ラテン語）という言葉です。この言葉は今でも日本で使《つか》われていますね。福島県いわき市の水族館の名前の「**アクアマリン**」とか、この飲みものの「**アクエリアス**」（「水の精《せい》」という意味です）がそうです。大昔のインドの国でも水は「閼伽・**あか**」で、とくに神様にお供《そな》えする水のことをいいました。では日本ではどうでしょう。日本では今でも、船の底に入ってくる水のことを「垢・**あか**」とか「水垢・みず**あか**」といい、やはり「水」のことを「**アクァ**」、つまり「アカ」というのです。先生は高校生の頃にこのことがわかり、言葉は面白《おもしろ》いものだなあと思いました。

最後に「**人魚**《にんぎょ》」（**マーメイド**といいます）の話をします。五月の「全校朝の会」で魚の話をしました。生物はみんな水から陸《りく》に上がって魚からトカゲや蛇《へび》や鳥になっていったということでした。ですから、人間の姿をした魚は本当はいないのです。人魚は、例えばこの写真ような、川や海に住む*マナティーという動物が人魚に似ていたので想像《そうぞう》してつくられたのです。ところがよく研究をしてみると、多くの動物たちが水から陸にあがっていったのに、このマナティーは、反対に、陸から水中に戻《もど》ってきた動物だったのです。なぜ戻ったかといいますと、陸の上にあがっていった動物たちが多くなり、住む場所と餌《えさ》がなくなったからです。あと、マナティーは餌の取り合いで喧嘩《けんか》したり、殺《ころ》し合いをすることが嫌《いや》だったこともあります。そこで大昔、自分たちが住んでいた、敵《てき》がいない、温泉《おんせん》のような暖《あた》かい水のなかに戻って来て、毎日、草だけをたくさん食べて（1日に100キログラムの水草だけを食べて生きるので、腸《ちょう》が40メートルもあります）、あとは水のなかで静《しず》かに眠《ねむ》るというだけの、のんびりした生活を始めたのです。それが今から五千万年前のことでした。こうしてマナティーは、人間によって自

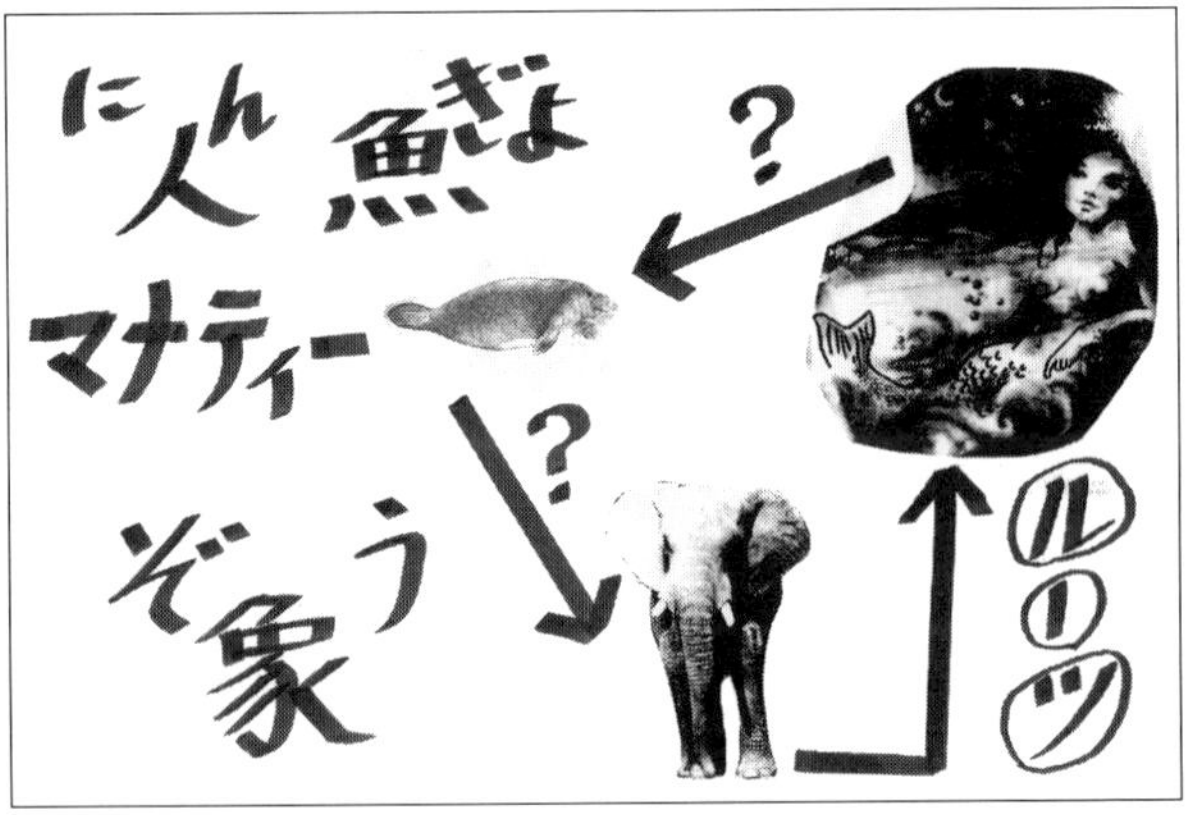

人魚は水中にすむマナティーから想像されたといわれるが、マナティーの祖先は陸上にすむ象なので、人魚のルーツは象だということになる

分の姿《すがた》を人魚と間違《まちが》えられるような、つまり、陸の上で生活していたときの身体《からだ》とは違う、水のなかの生活に合せた今の身体に自分の身体を変えたのです。

では、マナティーは陸の上に住んでいたときはどんな動物だったのでしょう。みんなのとてもよく知っている大きな四本足の動物です。今日は六月四日で「虫歯《むしば》の日」ですが、この動物もマナティーも、一日の半分以上は草をよく噛《か》んで食べるので歯《は》がすり減《へ》ります。ところが、次《つぎ》から次へとまるで**ベルトコンベアー**のように奥《おく》の方から歯がどんどん生《は》えてくるので、この動物はマナティーと同じ動物だと最近の研究（**DNA**《ディーエヌエイ》**鑑定といいます**）でわかったのです。他《ほか》にも、この動物はマナティーと同じこととして、人間と同じくお乳《ちち》で子供を育《そだ》てたり、肺《はい》で呼吸《こきゅう》をする点《てん》、骨《ほね》が重く骨の中身《なかみ》が詰《つ》まっている点などがあげられます。そうです。もとは「ゾ*ウ・象」だったのです。ですから、人魚の元《もと》（「**ルーツ**」といいます）は象だったということになりますね。マナティーの祖先《そせん》（ルーツ）が象だったという事実《じじつ》は、科学《かがく》が教《おし》えてくれた驚《おどろ》きの発見《はっけん》です。でも先生は、争《あらそ》いを避《さ》けて水中に移《うつ》り住んだ平和主義《へいわしゅぎ》のマナティーという事実の方にとても感動《かんどう》しました。

付《つ》け加《くわ》えですが、今では、クジラ（骨の中身がスカスカです）はカバの仲間、アザラシはクマの仲間だということもわかっているのですよ。

それではこれで、今年の「プール開き」の話を終わります。

（二〇〇二年六月四日）

織姫星《おりひめぼし》・彦星《ひこぼし》・白鳥座《はくちょうざ》と夏《なつ》の大三角形《だいさんかくけい》を探《さが》しましょう
七月の英語《えいご》「ジュライ・July」には「七」の意味がありません

おはようございます。

七月になりました。日本では千三百年くらい前の、奈良《なら》に都《みやこ》が置《お》かれていた頃から、七月は「**文月**」と書いて「ふみづき」（Fumidzugui）と発音していました。「文月」という言葉には、やはり稲《いね》が関係しているといって、「稲穂《いなほ》のツツミヅキ」とか、「穂が見えるホミヅキ」という言葉からできたという考え方や、「七夕に文を供《そな》えたフミヅキ」からできたという考え方などがあります。

そして、もう何日かたつとやって来る七月七日《しちがつなのか》には、「たなばたまつり」、「ほしまつり」といって、大きな台《だい》に灯火《あかり》をともして、机の上に生活で使ういろいろなものを並《なら》べて、一晩中《ひとばんじゅう》、香《こう》を焚《た》いて（火をつけると香《かおり》のよい煙《けむり》が出る、とても大切な枯《か》れ木があったのです）、子供たちの学習や、得意《とくい》なことがもっとうまくいきますようにとお祈《いの》りをしたのです。

これは、お隣《となり》の中国から日本に伝えられた、一年に一回《いっかい》しか会《あ》えないという「**牽牛《けんぎゅう》（彦星《ひこぼし》）と織女《しょくじょ》（織姫《おりひめ》）**」の伝説《でんせつ》に習《なら》ったもので、とくに、織姫の着物《きもの》を縫《ぬ》う腕前《うでまえ》の素晴《すば》らしさに見習おうとして、学習や得意ごとがうまくいくことを願ったのです。その後、この中国の伝説と、日本では七月七日が昔はお盆《ぼん》の始まりに当《あ》たったので、このように*笹《ささ》にお願いごとを書いた紙《かみ》を吊《つ》るして流したり、身体《からだ》を清《きよ》めたりする慣《なら》わしがいっしょになってしまったのです。でも、場所(地方)によっては、そこの神様が笹で眼《め》を痛《いた》めたので笹を飾《かざ》らないという所もあります。ちょっと聞いてください(「♪たなばたさま」)。このように先生も子供のときには、「笹の葉さーらさら、軒端《のきば》に揺《ゆ》れる」と歌《うた》って星に願いごとをしました。でも、ずっと昔の日本語だったら、「つぁつぁつぁのふぁつぁらつぁら」というような発音《はつおん》をしていたでしょうから、私たちがタイムマシーンに乗《の》って昔の日本に行くことができても、日本語はわからないでしょうね。

　そこで、お願いなのですが、夏休みにはこの一年に一回しか会えないという「牽牛

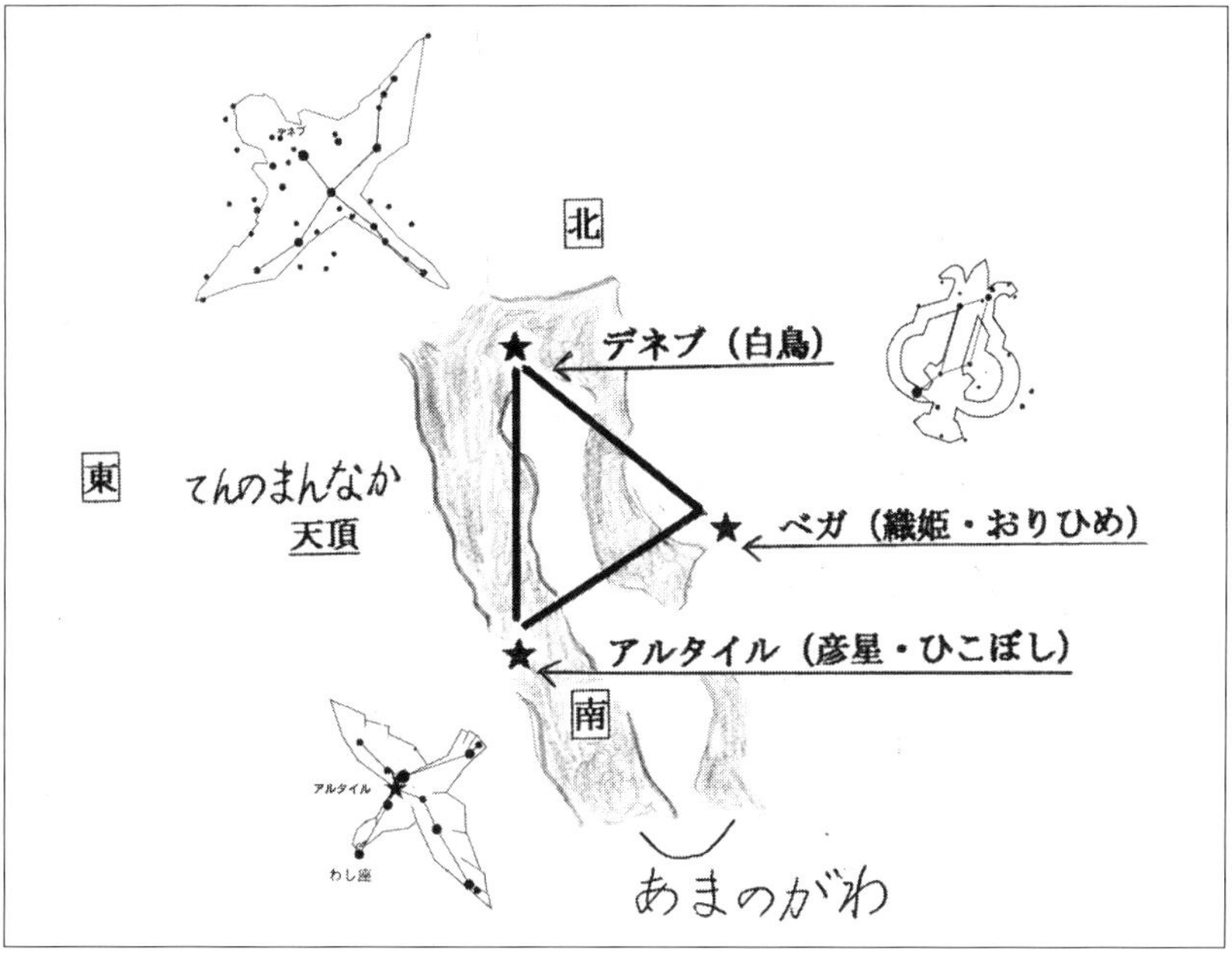

夏の三角形を見つけよう
デネブ（白鳥の尾の意味で、北十字《ノーザンクロス》ともよばれる）と、ベガ（アラビア語でおちるワシの意味）と、アルタイル（飛ぶワシの意味・ベガより暗い）とは天の川にあるのですぐわかる
ベガ（おりひめ）とアルタイル（ひこぼし）との距離《きょり》はジャンボジェット機でも3,450万年かかるほど遠い

（彦星）と織女（織姫星）」と呼ばれる星を探《さが》してみてください。夏の空のまんなかを見上げると少し東側《ひがしがわ》に天《あま》の川《がわ》が流れています。天《てん》のまんなかで、天の川の西にある方が織姫星《おりひめぼし》で、この織女星《しょくじょせい》は「琴《こと》座《ざ》のベガ星《せい》」に当たります。ここから天の川を渡《わた》って、すぐ東側にあるのが牽牛星《せい》です。牽牛は男性の星ですから「彦星」ともいいます。これが「鷲座《わしざ》のアルタイル星《せい》」に当たるのです。そして、この二つの星と、天のまんなかにもあり、天の川のなかにもある大きな星――この星は「白鳥座《はくちょうざ》のデネブ星《せい》」といいます――とを結《むす》ぶと三角《さんかく》の形《かたち》ができます。これを昔から*夏の大三角形と呼んできました。この夏の大三角形も探せたらりっぱなものですよ。星や星座は、方角《ほうがく》や、自分が現在《げんざい》いる位置《いち》を知るために昔から重要《じゅうよう》なものだったのです。

　さて、今度は外国語《がいこくご》の話になりますが、日本で「ふみづき」といっていた七月は、英語では「**ジュライ・July**」といいます。けれども、本当は「ジュライ」という言葉には「七」の意味がまったくないのです。そこで、*カレンダーをめくってみたところ、皆さんが夏休みを終《お》えてまた学習活動を始めている九月のことは「**セプテンバー・September**」というとありました。実《じつ》は、この「セプテンバー」という言葉に「**七**」の意味があるのです。「セプ」は、七時から十一時までの意味のお店の名前をもつ「セブンイレブン」の「セブン」と同じで、「七」の意味があるのです。ついでに、次の十月をみますと、「**オクトーバ・October**」とあります。「オクトーバ」には「八」の意味があります。蛸《たこ》は「**オクトパス**」といい、この名前は蛸が八本の足を持っているところからきています。皆さんが音楽《おんがく》の時間に習うドレミファソラシドは、「**オクターブ**」といってこの八つの音のことですね。

これで秘密《ひみつ》が少し解《と》けてきました。七月、八月の本当の言葉の意味が九月、十月にずれているのです。もっとわかりやすくいうと、七月、八月が九月、十月まで延《の》ばされているのです。ということは、英語では七月、八月を意味しない言葉が順番抜《じゅんばんぬ》かしのようにカレンダーのなかに割《わ》り込《こ》んできていることになります。どうしてでしょう。この秘密は八月末の、また学校が始まるときに話しましょう。

それではこれで、七月の「全校朝の会」の話を終わります。

（二〇〇〇年七月一日）

掃除をすればまわりのみんなが元気になります
童謡《どうよう》「ぞうさん」は虐《いじ》めの歌《うた》でした

おはようございます。

いよいよ今日から七月です。一年の半分が終わり、今年の後半が始まります。保健室《ほけんしつ》の先生に聞《き》いたところ、今、みんなのなかにお腹《なか》の具合《ぐあい》の悪《わる》い人や、頭《あたま》が痛《いた》いという人が多いということです。気をつけましょう。確《たし》かに今頃は身体《からだ》の調子《ちょうし》がわるくなるときで、昔の人もこのことをよく知っていて、空から身体によくないものが降《ふ》って来る頃だといっており、今の時期を「**半夏生**（はんげしょう）」と呼んでいました。毒《どく》をもっている植物だといわれたこの「半夏生*」が今頃咲《さ》くので、今の時期をそう呼ぶようにしたのでしょう。その日が暦では明日《あす》に当たります。「半夏生」の日は田植《たう》えの終わりの日も意味していました。いくら遅《おそ》くてもこの日までには田植えをしておかなければならないという印《しるし》の日だったのです。

この「半夏生」と名前を付《つ》けられた植物は、ちょうど今咲いているドクダミ*と同じ仲間です。毒をもっているといわれた「半夏生」も、「ドク」という言葉をもつドクダミも、「漢方《かんぽう》」といって、昔から人間の身体の病気を治《なお》す薬《くすり》として利用されていますから、言《い》い伝えや名前とは違《ちが》って、本当は大切な植物なのです。よく見るとわかりますが、「半夏生」はこのように葉っぱの一部が白くなるので変わっていますが、この植物の葉がちょうど半分お化粧《けしょう》をしているようなので、「**半化粧**」という名前をつけられたのだという人もいます。

紫陽花《あじさい》も今咲いているきれいな花ですね。花の種類《しゅるい》も多いのですが、ここにあるこの花も、ふつうの紫陽花より少し小さいのですがやはり紫陽花で、「*七段花《しちだんか》」といいます。でも、この「七段花」はとても大切な紫陽花です。なぜでしょう。それは、この「七段花」はいろいろな紫陽花の元《もと》の紫陽花、紫陽花の原種《げんしゅ》だからです。この小さな可愛《かわい》い花からたくさんの種類の紫陽花が作られていったのです。この「七段花」も是非《ぜひ》覚《おぼ》えておいてください。

さて、夏といえば福島には、毎年日本中の人がたくさん訪《おとず》れ、また、名前を必《かなら》ず耳《みみ》にする、自然《しぜん》に恵《めぐ》まれたとてもきれいな場所があります。ちょっとこの歌を聞いてください（♪「夏の思いで」）。そうです、「*尾瀬《おぜ》が原」とか「尾瀬」と呼ばれる所です。この写真にもあるように、とても広い、しめった野《の》原《はら》が大昔のままでどこまでも続《つづ》いていて、「*水芭蕉《みずばしょう》」や「*ニッコウキスゲ」の花がたくさん咲いています。でも、先生は、近頃この「尾瀬」が汚《よご》され、いじめられている二つの話を聞きました。一つめは、東京《とうきょう》など大都会《だいとかい》の人たちが、夏に水不足《みずぶそく》になると、「尾瀬がなくなってもいいから、尾瀬の水をくれ」といっている話です。私たちは無駄使《むだづか》いをしないよう、水の使い方に気をつけないといけないなあと思いました。二つめは、尾瀬に来た人を泊《と》める山小屋《やまごや》で、ゴミを山の下に持って降りて捨《す》てないで、尾瀬の野原にたくさん埋《う》めていたという話です。先生は自分の家の近くを流れている川のゴミを時々掃除します。青い色のカワセミが毎日餌《えさ》をとっている川なのに、自転車《じてんしゃ》が川の底にたくさん捨てられています。自分で出したゴミは絶対《ぜったい》に自分で片《かた》づけないと、自分のまわりや自然が汚れ、いつかは自分たちが困《こま》ることになりますし、生活の場所や自然を汚し、いじめることになるのだなあと、先生は真剣《しんけん》に考えました。これは本当の話ですが、自分のまわりがきれいになると、まわりにいるみんなの気持ちも明るく元気《げんき》になるのです。

そこで今日は、最後に「いじめる」ということについて話をしたいと思います。六月の朝の会では、「人魚のルーツはゾウだった」という話をしました。今日もゾウさんがでてきます。この歌を聞いてください（♪「ぞうさん」**OHP**で詩を映す）。先生は、

ぞうさん　ぞうさん
おはなが　ながいのね
そうよ
かあさんも　ながいのよ

ということの歌を聞きながら、いつも変だなあと思っていたことがあります。それは、「ゾウさんは鼻《はな》が長いのに、どうして『ながいのね』と聞くのかなあ」ということです。実は、ゾウさんはまわりのみんなから「鼻が長いんだね」と悪口《わるくち》をいわれていたのです。でも、このゾウの子供はとても立派《りっぱ》です。

なぜかというと、「一番好《す》きなお母《かあ》さんも長いのよ」といじめる相手《あいて》に堂々《どうどう》と、自信《じしん》をもって答えているからです。「私は、一番大好《だいす》きなお母さんから生まれたゾウなんだから、お母さんと同じゾウとして生きているんですよ。鼻を短《みじか》くして生きていくことなんかできませんよ」と答えているからです。

このゾウの子供の態度《たいど》はとても立派だと先生は考えます。この態度は、目や鼻や口や髪《かみ》の色《いろ》や、大きい小さいといった身体《からだ》のことや、男の子・女の子というように、「**みんな違うけれど仲良くしよう**」というのではなく、「**みんな違うんだから仲良くしよう**」という考え方につながると思うのです。皆さんのなかには、友だちのことをいじめたり、友だちの悪口をいったりする人はいないと思いますが、友だちはみんな自分と違うところがあるからいいんだという考えで毎日を過ごして欲しいと思います。

「ぞうさん」の歌も時々思い出してみてください。

それではこれで、七月の「全校朝の会」の話を終わります。

（二〇〇二年七月一日）

※　童謡「ぞうさん」の歌詞については、阪田寛夫著『童謡でてこい』（河出書房新社、一九九〇年十一月）を参照しました。

なかのよい象の親子

永遠《えいえん》に終わらないと思った夏休み
読書《どくしょ》とスケッチつきの日記《にっき》をすすめます

おはようございます。

皆さんのなかには、もう顔や身体《からだ》が日に焼けてたくましい色になっている人もいるようですが、いよいよ明日から夏休みに入ります。先生は小学生の頃、夏休みと聞くと、もう永遠《えいえん》に休みが続いて、学校に行く日が来なくなるのではないかと思い、わくわくしたものでした。入学式や、四月の始業式から数《かぞ》えると、まだ三か月と半分くらいしか過ぎていないのですが、先生には何だかとても早く時間が過ぎ去《さ》ったように感じられます。皆さんはどうでしょう。新しい学年になって、自分がどれだけ生活のめあてや、学習の目標に近づけたのか、休みに入ったらすぐに考えてみましょう。そのことが、長い夏休みを過ごしていく生活の計画に採り入れられていくことになると思います。

昔から、「**少年《しょうねん》老《お》い易《やす》く学《がく》成《な》り難《がた》し**」という中国の言葉が日本に伝わっています。時間が過ぎるのは早くて、若い人はすぐ歳《とし》をとるけれども、勉強《べんきょう》はなかなか成《な》し遂《と》げられないものだ。だから、短《みじか》い時間でも大切にして勉強しようという意味です。夏休みは暑《あつ》いので（とくに福島市は盆地《ぼんち》なので、毎年、日本で一番高い夏の気温《きおん》を記録《きろく》することが多いです）、ゆっくり身体を休めなければいけませんが、学習をすっかり忘《わす》れてしまうわけにもいきません。校長先生の小学生の頃の夏休みの生活を話しましょう。

朝は六時に起きて、アサガオの成長《せいちょう》の観察《かんさつ》をしたり、雲《くも》の形《かたち》の観察をしたりしました。驚《おどろ》いたのは、アサガオのツルの支《ささ》えになる棒《ぼう》のないアサガオが、地面《じめん》を這《は》って伸《の》びていて花を咲かせていたことです。それから、六時三十分から近所の広場でするラジオ体《たい》操《そう》に出かけました。帰ってきて、朝ご飯を食べて、暑くならない午前《ごぜん》のうちに、その日の割《わ》り当《あ》て分《ぶん》の国語《こくご》や算数《さんすう》や社会《しゃかい》や理科《りか》の学習をしました。お昼《ひる》ご飯《はん》を食べて少し休んでから、海が家から百メートルくらいの近くでしたから、友だちや、小学校上級生《じょうきゅうせい》や中学生の近所《きんじょ》のお兄《にい》さんたちといっしょに海で泳《およ》ぎました。海の水が透《す》き通《とお》っていて深《ふか》い所でもよく見えました。水中の青《あお》い蟹《かに》を追《お》いかけたり、シタビラメという十センチくらいの魚を足で踏《ふ》みつけて獲《と》ったことを覚えています。少し波が高い日には、小さな舟《ふね》の床《ゆか》（甲板《かんぱん》といいます）になっている板切《いたぎ》れを借《か》り、それをお腹《なか》の下にして波に乗るサーフィンも教えてもらいました。

三時頃になると、家に帰ってしっかり昼寝《ひるね》をしました。夕方までは、また海岸《かいがん》に出て友だちと砂遊《すなあそ》びをしたり、地引網《じびきあみ》を手伝《てつだ》ったり、海や海に迫《せま》っている山の探検《たんけん》をしたり（古墳《こふん》とか、海賊《かいぞく》の穴《あな》と呼ばれる場所があった

貝《かい》がらあつめから　貝のかたちやもようはうつくしい　とくに右はしのタコブネ（アオイガイ）や右から３つめのアッキガイは計算《けいさん》してつくられたようなかたちをしている

のです）、貝殻《かいがら》や昆虫《こんちゅう》や植物《しょくぶつ》を集めたり、浜辺《はまべ》でジャガイモを鍋《なべ》で茹《ゆ》でて食べたりして遊びました。驚いたのは、夕方に牛《うし》が海で泳いでいるのを見たときでした。それは、農家《のうか》のおじさんが海で牛を洗《あら》うために連《つ》れてきていた牛でした。海を牛のお風呂《ふろ》にしていたのですね。夜になると遊び疲《つか》れているので、夕食をとると必《かなら》ず絵《え》を描《か》くことといっしょになった日記《にっき》を書いて眠《ねむ》りました。その頃はテレビもゲームもない時代でしたから、夜に遊ぶといっても、ときどき花火《はなび》をするくらいのものでした。

そこで、皆さんにお願《ねが》いですが、夏休みには遊びでも、スポーツでも、学習でも、お家《うち》のお手伝いでもいいですから、何かひとつ、めあてを立ててそれをやり続けてみてください。とくに、**読書《どくしょ》と日記をつけること**を勧《すす》めます。日記は簡単《かんたん》なスケッチをつけるといいですね。では、事故《じこ》がないようによく自分で注意して、長い休みを元気で過ごしてください。また八月の二十日過ぎに、皆さん全員に会えることを楽しみにしています。

それではこれで、「第一学期終業式」の話を終わります。

（二〇〇〇年七月十八日）

プールと昼寝《ひるね》は真夏《まなつ》の身体《からだ》にいいですよ
合歓《ねむ》の葉《は》は牛《うし》が食《た》べ、シャンプーになりました

おはようございます。

いよいよ明日から夏休みに入ります。附属《ふぞく》小学校は今年から前期《ぜんき》・後期制《こうきせい》をとりましたから、今までのように第一学期終業式ではなく、今日は夏休み前の「全校朝の会」のかたちをとった式《しき》になります。休み中の生活についていては、毎日、朝から夜までの計画表《けいかくひょう》、時間割《じかんわり》を立てて、できるだけそれに合わせて暮《く》らすようにしましょう。プールに行ったり昼寝をすることはとてもいいことだと思います。

さて、夏休みが始まる明日は「海の日」です。福島市には海がありませんが、休みの間に、すべての生き物が生まれてきた「海」が見られるといいですね。明日はまた、「**土用**《どよう》」といって、夏の一番暑いときに当たります。だから、元気がでるようにと昔から日本人は「土用のうなぎ」といって「うなぎ」を食べてきました。

ところで、先生は今朝も早く起きて、犬と山のなかを歩いてきました。そしたら、こんな花が咲いていました。これは「**合歓**（ねむ）」という木の花です。夜になるとこの木の葉が抱《だ》き合《あ》って眠《ねむ》るので「ネムの木」というようです。昔の日本人は、牛《うし》がこの葉《は》を美味《おい》しいといって食べるので、梅雨《つゆ》の頃に

食欲《しょくよく》がなくなった牛にはよく食べさせたそうです。この葉は人間にも役立《やくだ》ってきました。昔は今のように頭《あたま》の髪《かみ》の毛《け》を洗《あら》うシャンプーなんかありませんでした。ところが、この葉を髪に擦《す》り込《こ》むと泡《あわ》がでて、髪がきれいに洗えたのだそうです。面白いですね。また、天気予報《てんきよほう》などない昔ですから、この木の花が咲く頃になると、「梅雨がそろそろ終わるのだな」と季節《きせつ》の目印《めじるし》にもしたそうです。「合歓の木」はとても人間の生活に役立ってきた木なのです。

　山のなかから出てくると、桃《もも》を木から取っている農家《のうか》の人に会いました。福島は桃も有名《ゆうめい》ですが、摘《つ》み取りが早い桃だと思ったので、「これはどんな桃ですか」と尋《たず》ねたら、「缶詰用《かんづめよう》の桃ですよ」とおっしゃって、ここに持《も》ってきたこの**桃**をひとつくださいました。先生の家の近所では缶詰用の桃もつくっていたのですね。知らないことがわかったので、話しかけてよかったと思いました。

　では、明日からの夏休み、みなさんは、海での事故《じこ》や交通事故に遭《あ》わないように充分《じゅうぶん》

合歓木《ねむのき》　古代にはネブとよばれ和歌によまれた　のち、さわったり、夜になると葉がとじるので「ねむ」とよばれた
（上段）初夏にさく、淡紅色でたくさんの花糸をもった花
（下段）秋に、10個ほどの種《たね》がはいたサヤのある実《み》をつけた木（マメ科）

に注意して過ごしてください。夏休みは全部で何日あるか数えてみましたか。三十七日です。先生は子供の頃、夏休みが始まると聞いたら、もう永遠に夏休みが続くように思いましたよ。そこで、ひとつだけ校長先生と約束《やくそく》してください。それは、ここにも課題図書《かだいとしょ》をもってきましたが、他の本でもいいから、休み中に少なくとも一冊は「お話の本」を読《よ》んでくださいということです。そして、心に何か残ることがちょっとでもあったら、思ったこと、感じたことを、そのままでいいですから感想文《かんそうぶん》にしてみてください。そして、感想文は校長先生にもみせてください。

それではこれで、夏休み前の「全校朝の会」の話を終わります。

（二〇〇二年七月十九日）

咲《さ》きながら散《ち》る萩《はぎ》の花、咲いてから散る桜の花
台風《たいふう》の風《かぜ》は家の窓《まど》や戸《と》を外から押《お》さない話

おはようございます。

長い夏休みが終わって、いよいよ今日からまた学校が始まります。夏休みが終わったら、またみんなで元気に会いましょうと約束しましたが、皆さんがこの約束を守《まも》ってくれたので、今日はここにこうして全員が揃《そろ》って第二学期の始業式をすることができました。このことをまずみんなで喜びたいと思います。

皆さんは、夏休み前や夏休みが始まってすぐに立てた自分の計画《けいかく》を進《すす》めることができましたか。友だちや、担任《たんにん》の先生や同じ学年の先生方と、是非《ぜひ》、夏休みにあったできごとや、自分のしたことを話して、友だちの話でいいなあと思ったところは、これから自分がしたいことのなかに入れておいてください。どうしてもしたかったのにできなかったことは、これからの自分の宿題《しゅくだい》にしておいてください。

さあ、暦のうえではもう秋に入りました。この間、台風《たいふう》が福島県を通《とお》っていったように、今頃は日本をたびたび台風が襲《おそ》ってくる時期《じき》でもあります。今朝《けさ》も早起きをして散歩しましたが、先生の家の

近くの山では、秋を代表する草花《くさばな》がたくさん咲いていました。この野草《やそう》は**ススキ***といいます。このように動物《どうぶつ》のシッポにも似ているので「**尾花**（おばな）」ともいわれます。「スス」というのは、すくすく伸《の》びるの意味です。「キ」というのは草のことです。だから、ススキはすくすく伸びる草という意味になります。皆さんもこうだといいですね。これは「**萩***（はぎ）」という野草で、秋《あき》を代表する花です。この花だけは他《ほか》の花と違《ちが》ってとくべつな咲き方をします。何でしょう。ふつう、花は咲いてから散《ち》ります。散るのが美しいといわれる桜《さくら》が代表的《だいひょうてき》ですね。萩《はぎ》はもうこの台の上に花がたくさん落《お》ちていることや、こうして草花を揺《ゆ》すってみるとわかることですが、**咲きながら散る**のです。ですからもうこの枝《えだ》には花がないでしょう。

また今頃は、いろいろな種類《しゅるい》のコオロギも鳴いています。鳴き声によってコオロギの名前がわかりますから注意して聴《き》き、名前を調べてみるといいと思います。コオロギが元気に活動できる気温は摂《せっ》氏《し》二十度から摂氏三十度ですが、気温が高いと速《はや》い調子で鳴き、気温が低《ひく》くなると遅《おそ》い調子で鳴きますから、これも注意して聴くといいですね。コオロギは自分の羽根《はね》を擦《す》り合わせて鳴きますが、鳴く調子が変わるのは、私たちと同じく、暖かくなると身体の動きが活発になり、寒くなると身体の動きがゆっくりになるからです。

さて、夏休みの間の天気をふり返ってみますと、今年の夏は福島県や東北地方では、半分以上が寒いくらいの夏でした。ところが、アフリカ（地球儀*で位置を示す）では気温が摂氏五十度にもなって、たくさんの人が厳《きび》しい暑さで亡《な》くなりました。地球全体が**異常気象**《いじょうきしょう》なのです。こんなことがどうして起きるのかといいますと、七月の「全校朝の会」で話したように、例《たと》えば、「**温かい海の水**」が北の海に流れていって、冷たい北の海の水を温めることができなかったからです。ですから、今年に限《かぎ》っていえば、シベリアの氷《こおり》が溶《と》けず、阿武隈川の白鳥は北の国へしばらく帰ることができなかったのです。また、海の一番深い底を流れてきて、海の上に浮かんで来た「**冷たい海の水**」も、暖かい地方の海の水を冷《ひ》やせなくなっています。だから、アフリカのように気温が極端《きょくたん》に暑くなってしまったのです。残念《ざんねん》なことですが、たった一か月前に「全校朝の会」でしたばかりの、地球の海の底をまわる先生の海の話は、すぐに本当の話になってしまいました。水を汚《よご》せば汚すほど世界の天気が壊《こわ》れていくのです。地球に生きているすべての人間は、毎日水を汚さないように心がけて、世界の水をきれいにするようにしなければいけません。

最後に、皆さんが夏休みを元気で安全に過ごすという約束を守ってくれたので、今度は二学期の間で約束したいことがあります。後《あと》で係《かか》りの先生から二学期の目標や、九月のめあての発表がありますが、それとは別《べつ》に、「**毎日《まいにち》よくものごとを考えて過ごしましょう**」ということを約束して欲しいのです。きのうも東京で、私たちを守ってくれるお巡《まわ》りさんが殺《ころ》されるという、とんでもない事件《じけん》がありました。大人もそうですが、危険《きけん》が迫《せま》ったときはよく考えて行動しないといけません。それにはふだんから、どんな小さなことに対《たい》してでも、考える力を身《み》につけておくことが大切なのです。

よく考えることについて話しましょう。今日は最初に台風の話をしたので、校長先生が小学生の頃、小さなことですが台風について考えてみたことを話します。これは先生が小学生の頃に見た台風*の絵です。でもどこかおかしいなあと感じました。先生の家の台風への備《そな》えは、外側《そとがわ》から木の棒《ぼう》で窓《まど》や戸《と》を押《お》さえていたからです。先生がこれからする実験《じっけん》を見れば、皆さんもこの絵のどこがおかしいかがわかります（実験＊：A4の紙の長い方の端を片方の指でつまみ、その端を口に近づけそこに息を吹きかける→A4の紙全体が浮き上がる）。先生はこれを扇風機《せんぷうき》で実験してみたのです。もうわかりましたね。風が強《つよ》く吹《ふ》くと、吹いた側にある窓や戸はこの絵のように外側から押されて凹《へこ》むのではなくて、風の吹く外側に吸《す》い寄《よ》せられる、つまり、出ていくのです。これが実は、あの重《おも》たい重たい金属《きんぞく》の飛《ひ》行機《こうき》が軽《かる》そうに空を飛《と》べる秘密《ひみつ》にもつながっているのです。

では、二学期は「よく考えて過ごす」を約束してください。人間が本当によく考えるにはどうしたらよいのか。その秘密は九月の「全校朝の会」で詳《くわ》しく話しましょう。

それではこれで、「第二学期始業式」の話を終わります。

（二〇〇一年八月二十七日）

風が戸を押《お》しているこの台風の絵は、どこがおかしいかわかりますか

「秋の七草《ななくさ》」を五七五七七のリズムで覚えましょう
母《はは》の愛《あい》をかみしめた野口英世博士《のぐちひでよはくし》の夢《ゆめ》と希望《きぼう》

おはようございます。

とうとう長かった夏休みも終わり、いよいよ前期の後半が始まります。先生がうれしいのは、皆さんが全員、大きな事故やけがもなく今日の「全校朝の会」を迎えられたことです。いろんな所へ出かけたり、泳ぎがうまくなったり、先生と約束した「お話の本」を読んでくれたりと、自分で立てた夏休みのめあて、目標《もくひょう》にしっかり近づけたことと思います。九月、十月には、また教育実習《きょういくじっしゅう》の先生方との学習やスポーツフェスタがあるので楽《たの》しみですね。

先生は今朝《けさ》も早く起きて雑木林《ぞうきばやし》の近くを歩いてみました。そうしたら、こんな花が咲いていました。これは日本の秋を代表する花で「**萩**《はぎ》」といいます。そういえば、まだ残暑《ざんしょ》で、気温は三十度もあって暑いのですが、暦の上ではもう秋なのです。今日は秋が始まってなんと、十九日目なのですよ。北海道《ほっかいどう》の大雪山《たいせつざん》では四日前の八月二十二日にもう初雪《はつゆき》が降《ふ》りました。いつもの年より一か月早いそうです。今頃は綿《＊わた》の木に花が開《ひら》く頃でも知られています。綿の花が終わるとこのようにお布団《ふとん》なんかに入れる「綿＊」が取れるのです。

ところで、先生は四月に「桜はみんなの花が開くまで散らない」といいましたが、「萩*の花」は桜の花とは違って、去年《きょねん》も紹介《しょうかい》したように「咲きながら散って行く花」でしたね。花にもいろいろな性格《せいかく》があるので面白いですよ。これはみんながよく知っている「ススキ*」ですね。動物のシッポに似《に》ているので「**尾花**《おばな》」ともいいます。これは「*桔梗《ききょう》」といって先生が好《す》きな花の一つです。でも、昔の日本人はこの花を「アサガオ」といいました。タイムマシーンで、京都《きょうと》に日本の中心《ちゅうしん》が在《あ》った頃に行けたら、私たちの方が違《ちが》うよといわれますね。他《ほか》にも今頃から咲く花がいろいろありますが、全部《ぜんぶ》は紹介できないので、今日はとくに「**秋**《あき》**の七草**《ななくさ》」といわれている花を紹介します。「春の七草」のときのように、ほんものの花を確かめるのはあとでよいですから、今は花の言葉の方をしっかり覚えてください。覚えやすいようにリズムを付けてあります。わからない花は、お家《うち》の人に聞いたり、後《あと》で図鑑《ずかん》で調《しら》べたり、お花屋《はなや》さんなどで教《おし》えてもらうといいです。ではいいますよ。

はぎ、おばな（5）**、ききょう、なでしこ**（7）**、ふじばかま**（5）**、**

秋の七草　上段左より右、はぎ、おばな、（ススキ）、ききょう、下段より右に、なでしこ、ふじばかま、くず、おみなえし

くず、おみなえし（7）、秋の七草（7）

さて、夏休みには校長先生も勉強《べんきょう》しました。何をしたかといいますと、福島県のことを書いた本を全部調べて読んでみるという勉強をしたのです。そしてそのなかで、一つだけみなさんにお知らせしたい文章を選んでみました。そのままではなく、わかりやすく紹介します。それはこの人の書いた手《て》紙《がみ》のなかの文章《ぶんしょう》です。そうです、その人は、二〇〇四年から、千円札《せんえんさつ》という紙《かみ》のお金《かね》にも印刷《いんさつ》されることが決《き》まった、福島県出身《しゅっしん》の世界的《せかいてき》な**医師《いし》・野口英世博士《のぐちひでよはくし》**ですね。この写真《＊しゃしん》がそうです。博士は日本人で最初にアメリカの研究所《けんきゅうじょ》に入り、大学に勤《つと》めて、そこで世界で最初に毒蛇《どくへび》の毒の研究をし本も出します。ノーベル賞《しょう》をだしているスウェーデンの国からも表彰《ひょうしょう》されます。

日本の、自分の命《いのち》と同じだと思っている大切な、一番愛《あい》するお母《かあ》さん（シカさん）からは、帰ってきて欲しいという手紙が度々《たびたび》くるのですが、博士は、「いま福島に帰って、日本の医者《いしゃ》になったのでは自分の仕事《しごと》は駄目《だめ》になる。日本人には世界で活躍《かつやく》している人がいない。自分の夢《ゆめ》と希望《きぼう》は、世界の人のために研究することなんだ」と、母《はは》にはいえないので、会津《あいづ》にいるお世話《せ》になった自分の先生に手紙を書いています。野口博士のいろいろな手紙を読んでみたのですが、一番すごいなあと思ったのはこの文章でした。博士は日本には十五年ぶりに帰って来ます（大正4年）が、二か月たつとまたすぐにアメリカへ行きます。お母さんはその三年後《ご》に亡《な》くなり、博士は十年後にアフリカで、**黄熱病《おうねつびょう》**という病気に罹《かか》って亡くなります。蛇《へび》の毒や黄熱病の研究は今でも世界の人々のために役立っていますが、博士の「世界の人のために」という生き方は学《まな》びたいものですね。では、元気でまた新しい学校生活を始めましょう。

これで、「全校朝の会」の話を終わります。

（二〇〇二年八月十六日）

野口英世が亡《な》くなる（1928年・昭和３年）とその１年後にはすぐ、上の写真にあるような本が出された　左の書簡集《しょかんしゅう》は昭和６年刊行

今月《こんげつ》は、一年《いちねん》で一番美《いちばんうつく》しい「イモ名月《めいげつ》」を楽《たの》しもう
「そなえあればうれいなし」、災害《さいがい》を忘《わす》れないで

おはようございます。

今日から九月です。まだ暑さが残っていますが、九月一日といえば、もう暦のうえでは一か月ほど前から秋に入っていて、今月の二十三日の「**秋分《しゅうぶん》の日《ひ》**」には、長かった昼の時間も短くなり、昼と夜の長さが同じになります。この日を境《さかい》にして、それからはだんだん夜の時間が長くなるので、千年以上も前の日本人は九月のことを「**夜長月**（よながつき）」の意味で、「**ながつき**」と呼んでいました。しかし、日本人は縄文時代《じょうもんじだい》という大昔から稲《いね》（米《こめ》）を作っていたので、九月は稲の取り入れに近い月でもあり、「ながつき」は「**穂長月**（ほながつき）」、「**稲刈月**（いなかりつき）」からきている言葉だと考える人もいます。

ところで、今月ぜひ見て欲《ほ》しいのは満月《まんげつ》です。「**十五夜《じゅうごや》の月**」ともいいます。いま、私たちが使っているカレンダーは、太陽《たいよう》と地球《ちきゅう》の動きをもとにして作っていますが、日本では昔は月を中心にして暦を作っていました。その古い暦では、十五日になると月がまん丸くなるので、満月のことを十五夜の月ともいったのです。今年は九月十二日が満月です。このお月様は、昔から「**中秋《ちゅうしゅう》の名月《めいげつ》**」と呼ば

れ、**一年で一番美しい満月**なので、野菜《やさい》を十五種類も月にお供《そな》えしたそうです。九月の満月は「**イモ名月**」と呼ばれ、とくに芋《いも》を供えたようです。芋を食べながら十五夜の月を見て、食べ物に感謝《かんしゃ》するのもいいことだと思いますよ。

さて、今日は九月一日でとくに「**防災《ぼうさい》の日**」になっています。それは、今から七十七年前（1923年）の今日《きょう》（お昼の12時の1分ほど前）、東京を中心に「**関東大震災《かんとうだいしんさい》**」という大地震《だいじしん》（マグニチュード7・9）があったからで、ふだんから災害《さいがい》に備《そな》えておきましょうと注意を促《うなが》す日なのです。この写真のように、東京*の建物《たてもの》は全部壊《こわ》れたり倒《たお》れたりし、九万人を超《こ》える死者《ししゃ》がでました。海岸《かいがん》では津波《つなみ》にも襲《おそ》われました。今いっしょに暮《く》らしている先生の母に聞きますと、その日、福島県を流れている阿武隈川《あぶくまがわ》も、水がピチャピチャと音を立てて踊《おど》っていたそうです。怖《こわ》いですね。世界でも日本でも、あちこちで地震や火山活動が目立っていますが、ふだんから災害に対する心構《こころがま》え、例《たと》えば、あわてないで行動《こうどう》する、逃《に》げるための道筋《みちすじ》や場所を知っておくなどのことを、担任の先生や友だちと話し合ってみておいてください。中国から来た言葉には、「**備《そな》え有《あ》れば患《うれ》い無《な》し**」という諺《ことわざ》があります。英語にも、「**用意《ようい》することは防《ふせ》ぐことだ**」（Providing is preventing）という諺がありますよ。

最後に、七月の「全校朝の会」での、暦の話の続きをしましょう。七月を意味する英語の「ジュライ・July」には「七」の意味がなくて、九月を意味する英語の「セプテンバー・September」のほうに「七」の意味があるのはどうしてかな、ということでした。

一年は**三百六十五日と六時間**くらいあります。一年を三百六十五日としている今の暦だと六時間多いわけです。この六時間は四年たつと一日分《ぶん》になります（**6時間×4＝24時間・1日の時間**）。そこで、四年に一度、二月（28日まで）を一日多くし二十九日（「うるう年」といいます）にしていました（昔のヨーロッパでは2月を1年の終わりの月にして、ここで多くなった6時間を、つまり1年の日にちを調整《ちょうせい》していたのです）。いま私たちが使っている暦はこの頃の暦をもとにしていて、この暦を作らせた人がいます。その人の名前は、いまから二千年以上も前に生きていた人で、その頃に世界の中心になるローマという国を治《おさ》めていた将軍《しょうぐん》でもあり、「**シーザー**」といいます。シーザーは自分で暦を作らせ採用《さいよう》したので、自分の名前を暦に残そうとして、生まれた七月を自分の名前の「**ジュリアス**（Julius）・シーザー」の月、つまり、「**ジュライアス**」の月としたのです。そうしたら、次の将軍の**オクタビアヌス**という人も、自分の名前を暦に入《い》れたのです。彼の名前は「**アウグストス・オクタビアヌス**」ですから、八月は「**オウガスト**」だというわけです。なんと、オクタビアヌスは八月の生まれだったのです。これで、いま私たちが使っているカレンダーに、「七」や「八」の意味をもたない「ジュライ」や「オウガスト」が割《わ》りこんできて、「七」や「八」の意味をもっている「セプテンバ」や「オクトーバ」が九月や十月にずれてしまった秘密《ひみつ》がわかったと思います。では元気に、秋から冬にかけての学校生活を送っ

関東大震災でたおれて、すっかりこわれてしまった東京のビルやたてもの

ていくようにしましょう。
これで、九月の「全校朝の会」の話を終わります。

（二〇〇〇年九月一日）

九月は「ながつき」、「菊《きく》の月」
人間の進化《しんか》の秘密《ひみつ》は前頭葉《ぜんとうよう》（脳《のう》・言葉）にあります

おはようございます。

今日からいよいよ九月で、勉強《べんきょう》も給食《きゅうしょく》も始まりました。皆さんは少しずつ学校での生活のリズムを取り戻《もど》してきましたか。今月の初めにはプールじまいや交通安全教室や郊外《こうがい》学習があります。後半《こうはん》には大学三年生の教育実習の先生方が来られたり、とても楽しみにしているスポーツフェスタもあります。今から身体《からだ》の調子《ちょうし》を整《ととの》えるように気をつけていきましょう。

九月は、十一月まである秋の季節の入り口の月です。ですから今月は夏の風景《ふうけい》から秋の風景へと変わっていきます。皆さんの服装《ふくそう》はまだ変わりませんが、九月は雨がよく降ったり、夜が長くなってきます。だから、昔の人は九月のことを「**長雨**（ながめ）**つき**」「**夜長**（よなが）**つき**」といい、「**長月**（ながつき）」と呼ぶようになったようです。

また、春の桜とならんで、日本を代表する「菊《きく》の花」がきれいに咲く頃なので「**菊月**（きくづき）」ともいいました。「菊」という漢字は「**艹**（草冠《くさかんむり》）」と「**勹**（つつみがまえ）」と「**米**（こめ）」からできていますね。菊の花が米を両手で大切に包《つつ》む（掬・すくう）形に似ているところからきているのですね。菊は英語では「**クリサンスマム**」といいますが、二千年以上の昔から、外国語にも「クリサ」には「包む」の意味があったようです。大昔からある花なので、世界でも名前のつけ方が共通《きょうつう》しているのですね。

さて、菊の花びらのように、世の中の全部の人が人間を包み合うような世の中だといいのですが、このところ、人に平気《へいき》で迷惑《めいわく》をかけたり、人を傷《きず》つけたり、自分勝手《かって》なことをする人が増《ふ》えているようです。福島市内をみても、電車《でんしゃ》やバスの座席《ざせき》を一人占《ひとりじ》めしたり、道端《みちばた》の通路《つうろ》に足を投げ出して座《すわ》ったり、禁煙《きんえん》の場所でもタバコをすう人がいたり、見ている人が愉快《ゆかい》なことではないのにどこでもお化粧《けしょう》を始めたり、ゴミ箱《ばこ》ではない所にゴミを捨《す》てたりと、とりあげだすと切《き》りがありません。こういうことは、先生が子供の頃にはあまり見かけなかったことです。どうしてこんなことになったのでしょう。

これを見てください。*人間の頭《あたま》と頭蓋骨《ずがいこつ》（頭の骨《ほね》）の図《ず》です。猿《さる》の祖先《そせん》から私たち現代人《げんだいじん》までを比《くら》べてみると、私たち人間は頭蓋骨が発達《はったつ》してきたことがわかります。これを人間の「**進化**《しんか》」といっています。この図を見てすぐわかることは、眼《め》の上、つまり、額《ひたい》（おでこ）がだんだんと前に出てきて、逆《ぎゃく》に顎《あご》がだんだんと引っ込んでいることです。これは、額の奥《おく》の脳《のう》である「**前頭葉**《ぜんとうよう》」と呼ばれる脳が大きく発達してきたことを意味しています。ここは、ヒト以外の動物ではみんな発達していません。ヒトに一番近いチンパンジーでも、ヒトの六分の一（約70グラム、私のこの軽いメガネ二つ分《ぶん》の重《おも》さ）しかありません。このことから、人間が長い時間をかけて、自分を他《ほか》の動物とは違う「**人間**」という動物にしてきた進化の秘密《ひみつ》は、「額の奥の脳（前頭葉）」にあるといってもいいのです。人間は前頭葉のために進化してきたのですね。

では、大切な問題ですが、前頭葉はなぜ進化し発達したのでしょう。それは、この図の「顎《あご》」の骨《ほね》をよく見ればわかります。だんだん引っ込んでいった顎は、顎の付《つ》け根《ね》の所が発達していますね。そして、歯並《はなら》びもよくなっています。つまり、食べ物をよく噛《か》むということが人間の脳を、とくに前頭葉を進化、発達させてきたのです。

では次に、前頭葉はどういう働《はたら》きをしているのかをみてみましょう。額の奥の脳には、この図のように、*第九番目の野《の》、第十番目の野、第四六番目の野と呼ばれる部分があります。ここが、人間が「**言葉によってものを考えている**」脳の部分なのです。つまり、人間は言葉をたくさん覚えながら脳を大きくしてきたのです。とくに、第九、十番の野は、善《よ》い事《こと》、悪《わる》い事《こと》を決《き》めたり、人間の一番大切な事がわかったり、落ち着いてかたよらないで物事《ものごと》をみるのを仕事にしている部《ぶ》分《ん》です。そして、第四六番の野が、この間の始業式で話した「**ものごとをよく考える**」脳の中心部分なのです。ですから、先《さき》ほどいったような、平気《へいき》で人に迷惑《めいわく》をかけるような人が増《ふ》えてきて

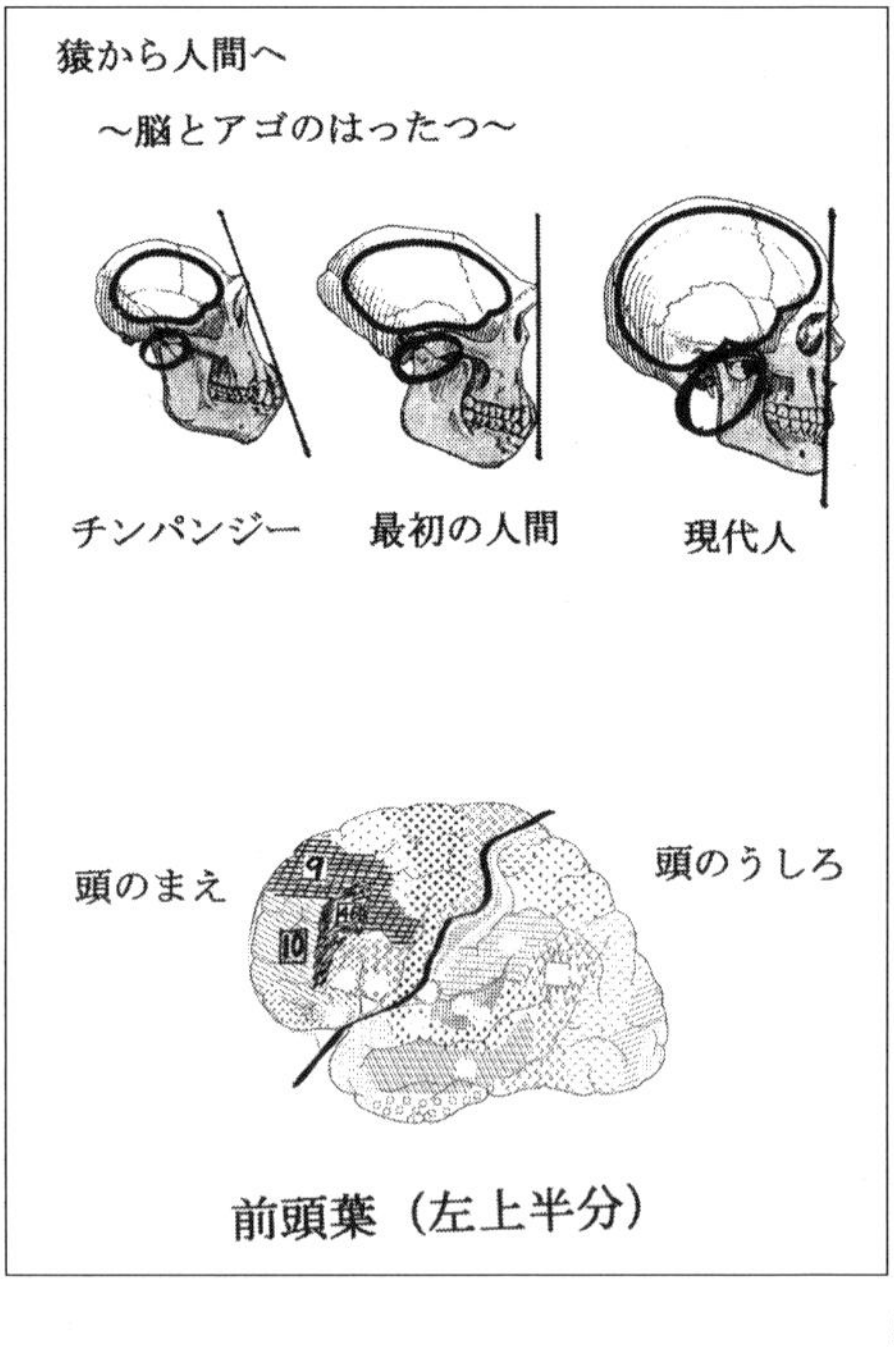

（上段）脳《のう》が大きくなり、おでこが前に出てきた人間。アゴのはたらきが脳を大きくしたのだとわかる
（下段）言葉《ことば》を使い、考える脳（前頭葉《ぜんとうよう》）がはったつしたのは人間だけである

いるということは、せっかく人間が発達させてきた脳の、第九、十、四六番の野の働きがとても弱《よわ》くなっているということなのです。では、どうして弱くなってしまったのでしょう。

いろいろな研究《けんきゅう》や実験《じっけん》から、次のようなことがわかって来ました。皆さんにそっと知らせましょう。

まず、

①「食べ物をよく噛んで食べなくなったこと」があげられます。

柔《やわ》らかくて食べやすいファストフードやドリンク剤《ざい》がはやって、今まではばい菌《きん》を殺《ころ》してくれていた唾液《だえき》が少ししか口のなかに出てこなくなり、生活習慣病《せいかつしゅうかんびょう》に罹《かか》りやすくなっています。噛まないと舌《した》の癌《がん》やO《オー》157に感染《かんせん》しやすいという結果《けっか》（データ）も報告《ほうこく》されています。とにかく、噛むことで顎が発達し、脳が進化してきたのですから、噛まないと脳の働きが弱くなるのは当たり前なのですね。次に、

②「家の外で遊ばなくなったこと」があげられます。

家のまわりに野原や林や広場が少なくなり、あっても友だちが少なく危《あぶ》ないことが増え、面白いテレビ・テレビゲーム・パソコン・漫画《まんが》などがはやるので、自分の部屋《へや》をもっている人も多くなり、友だちと外で遊ぶことが少なくなりました。でも、一人で部屋に閉《と》じこもってばかりいることは、脳の活動《かつどう》にはよくありません。一匹《いっぴき》で、しかも小さな部屋の中だけで育《そだ》った猿《さる》の赤《あか》ちゃんは、大きくなっても前に歩けず、怯《おび》え、いつも頭を両手で抱《かか》え背中《せなか》を丸《まる》くした姿勢《しせい》になり、顔《かお》はいつまでも皺《しわ》だらけだったという報告《ほうこく》があります。

ですから、私たちが「ものごとをよく考えて生きていく」ためには、まず、

①「**よく噛むこと**」です。神経《しんけい》を通《とお》して脳へ伝《つた》わっていくたくさんの「お知らせ」（感覚刺激《かんかくしげき》による情報《じょうほう》）の半分が顎からきていることを忘《わす》れないでください。よく噛むことが「言葉」を発達させてきたのです。次に、

②「**外で友だちとよく遊ぶこと**」です。外で遊ぶと脳の全部が元気に働きます。人間は大勢《おおぜい》の仲《なか》間《ま》と広い野原や林などの自然のなかで遊び、暮らしてきたことで脳の全部を動かし、「言葉」を覚えてきたのです。

では、このようなことを思い出しながら、二学期は「**よく考えて生活すること**」を約束してくださ い。

それではこれで、九月の「全校朝の会」の話を終わります。

（二〇〇一年九月一日）

恐《こわ》い風の神様《かみさま》の「風神《ふうじん》」を見てみますか
地球《ちきゅう》 温暖化《おんだんか》でツバル国《こく》は海に沈《しず》みます

おはようございます。

九月になりました。先生は今朝《けさ》も山に行ってこんな木をみつけました。渋《しぶ》くて酸《す》っぱい実《み》がなる「グミ*」の木といいます。この木にはトゲがあり、このトゲは「**杭・クイ**」と呼ばれていたので、「杭のある木の実→杭実」から「**グイ実・グミ**」になったといわれています。昔からの味《あじ》なので、今ではこのようにキャンディ*にもなっていますね。

さて、今日は二日ですが、今日あたりは昔から「稲《いね》が実《みの》る」ときといわれています。この稲穂*《いなほ》を見てください。福島のような北の地方でも、もうしっかり実《み》が詰《つ》まっています。また、こんな鳥が初めて鳴き始めるときといわれています。ちょっと耳をすませて聞いてください♪(百舌《もず》の声を聞く)。この鳴き声は「**百舌**」という鳥です(百舌の写真*)。でも、どうしてモズは「百《ひゃく》の舌《した》」と書くのでしょう。それは、モズが自分とは違《ちが》う鳥の真似《まね》を、自分の舌をじょうずに使ってたくさん(「百」には「たくさん」の意味があります)するからなのです。モズはウグイスのように「ホーホケキョ」といって鳴けるんですよ。

ところで、昨日《きのう》は、関東大震災といって、東京を中心に大きな地震《じしん》があった日です。二日間火事が続き、九万人以上の人が亡《な》くなりました。いまいっしょに住んでいる先生の母が小学校五年生のとき（大正十二年・今から七十九年前）です。いま福島市に住んでいる人の三人に一人が亡くなったことになります。地震は恐《こわ》いですね。ですから学校でも避難訓練《ひなんくんれん》をするのです。あと、昨日は「**二百十日**《にひゃくとうか》」といって、ちょうど三月に行《おこな》われた卒業式《そつぎょうしき》の頃から数《かぞ》えて二百十日目に当《あ》たり、台風がよく来る日になっているのです。今年は福島県にも大きな台風が二つも来ていますね。昔の人は「**風神**（ふうじん）」といって、大きな風を吹かせる神様《かみさま》がいると考えたのです。どんな神様だったのでしょうね。そこで今日はとくべつに、その「風神*」をみんなに見てもらいましょう。ちょっと恐《こわ》いですから嫌《いや》な人は見なくてもいいですよ（角と嘴があり、身体は鹿、烏天狗に似る）。

あと、来週の今日は九月九日で、七月七日の七夕の日のように、同じ数字《すうじ》（奇数《きすう》）が続くので、昔からめでたい日とされてきました（ちょっと難《むずか》しいのですが、数字の九は陽数《ようすう》といい、九が重《かさ》なる日なので「**重陽**《ちょうよう》**の日**」といったのです）。今では「**菊**《きく》**の日**」としてお祝《いわ》いをします。これはふつう*の菊ですが、こちらは先生が大好《だいす》きな、本当《ほんとう》の菊ではないのですが、「*秋明菊《しゅうめいぎく》（貴船菊《きぶねぎく》）」という名前がついた花です。「貴船」というのは今の京都市内《きょうとしない》にある土地の名前です。きれいな花でしょう。この花は外国でもお皿《さら》の絵に描《えが》かれています。そして、夜になると聞いて欲しい声があります（「虫の声」♪）。この歌にでてくるような、虫の声と虫の名前がわかる人はすごいなあと思います。

さて、テレビや新聞のニュースで知っている人もいると思いますが、みんなが夏休みの間に、今年は地球の上では、今までにはなかったとても大変なことが起きました。外国（ヨーロッパ）では大雨が降り、百人以上の人が亡くなる大洪水《だいこうずい》になりました。世界にある氷山《ひょうざん》は今までになかった勢《いきお》いでどんどん溶《と》けだしているそうです。この体育館《たいいくかん》くらいの氷《こおり》は小さいほうですが、福島市内にある信夫山くらいの氷のかたまりも海に浮かんで溶けているそうです。この写真は地球の一番南にある南極《なんきょく》*です。先生はこの夏、南極探検《たんけん》の隊長《たいちょう》さんとお話をしましたが、南極では今年の一月から二月の間《あいだ》に急《きゅう》に、福島県くらいの広さの氷が南極大陸《たいりく》から離《はな》れていったそうです。これもとくべつにその写真*を皆さんに見てもらいましょう。

さあ、そうなるとどうなるかわかりますね。海の水が増えてしまうのです。そこで今年の夏にはとうとう三十年後には海に沈《しず》んでしまう島の国ができたのです。この写真の島です（ツバル*国《こく》の写真）。島の副村長《ふくそんちょう》のロトヌさんは助《たす》けてくれる国《くに》を調《しら》べに出かけていますし、この島に住んでいる人々は、いま助けてくれる国（オーストラリア・ニュージーランド）に避難《ひなん》しています。いったい、何がこの夏の間に起きたのでしょう。それはどうも地球の温度が暖《あたた》かくなっているからだといわれています。これを「**地球温暖化**《ちきゅうおんだんか》」といいますが、ではなぜ地球は暖

海にしずむツバル国（上段写真）とツバル国がある場所《ばしょ》（位置《いち》）

かくなったのでしょう。それは、人間が生活していてたくさんのガスをだすからなのです。人間は息《いき》をしてもガスをだしますね。テレビや灯《あか》りなどで電気《でんき》を使っても、バスや車に乗っても、お料理《りょうり》をしたり、冷房《れいぼう》や暖房器具《だんぼうきぐ》を使っても必ずガスがでます。でたガス（CO_2《シーオーツー》など）は、こうして地球を包《つつ》むのです（地球儀*を透明なビニルで覆う）。地球が暖房されているのです。これを温室効果《おんしつこうか》といいます。ですからお天気が異常《いじょう》になって大雨がふり、氷が溶けだしたのです。今年は、地球の暖まり方が急に強くなったようです。暖かい国にしかいない「ヒトスジ縞蚊《しまか》*」（写真提示）が同じ東北の秋田でみつかったり、「セアカゴケグモ*」（写真提示）という毒《どく》グモが大阪で二百六十匹もみつかったりしたのはその証拠ですね。

　では、私たちにできることは何でしょう。皆さんが乗《の》りたいといっている宇宙船《うちゅうせん》から地球を見ると、真夜中《まよなか》でも日本の国は北から南まで全部が明るく光《ひか》っているそうです。日本は「**夜《よる》がない国**」なのですね。ですから、呼吸《こきゅう》はしなくてはいけませんから、まず、電気の無駄遣《むだづか》いをしないことです。先生は、電気のない国の人々は、電気を無駄遣いしている国の人々から迷惑を受けているなあと思っています。日本の人々も世界の人々も、地球にある氷が溶けないために何ができるかをまじめに考え、実行していかないと大変なことになるときが本当に来ると思います。皆さんも真剣に考えてください。

これで、九月の「全校朝の会」の話を終わります。

（二〇〇二年九月二日）

（参考）●過去百年に――世界の年平均気温は約〇・七度上昇

日本の年平均気温は約一・〇度上昇（大都市では二一・五度上昇）

世界の海面は一〇から二〇センチ上昇

○今後百年に――南日本の年平均気温は約四・〇度上昇

北日本の年平均気温は約五・〇度上昇

世界の海面は最大で八十八センチ上昇（過去とプラスすれば一メートル上昇）

・数字の調査はＩＰＣＣ（政府間パネル）と地球温暖化問題検討委員会（環境省）とに拠ります。

秋は生きものが命を守り伝《つた》える季節です
百年も眠《ねむ》る「いばら姫《ひめ》」のお話の秘密

おはようございます。

十月が三日も過ぎました。皆さんは制服《せいふく》を冬用《ふゆよう》に替《か》えましたが、日本では五月から六月にかけて着《き》るものを替えるように、十月にも「**更衣**（ころもがえ）」といって、季節に合わせ身体《からだ》に着けるもの、つまり、着《き》るものを替えます。十月の「更衣」は三百年以上も前の、江戸時代《えどじだい》と呼ばれる頃からの慣《なら》わしのようですが、もっともっと前の千年以上も前の日本人は、一年に五回も「更衣」をしていたようです。今は着るものがいろいろあり、季節に関係なく何回も着替《きが》える人も多いのですが、ふつうに、暦のうえで「更衣」と呼ばれるのは夏と秋の二回です。福島市は日本でも東の方にありますから、東から昇《のぼ》る朝日《あさひ》も少しだけ早くて、夏の四時半頃にでていたのに、今は五時半頃になりました。これからはもっと遅《おそ》くなりますね。ですから、日本より北で、西にあるフランスやイギリスの小学生は、冬になると、まだ暗《くら》いのに家を出て学校に向《む》かい、二時間目が終《お》わる頃に学校で朝日を見ることになります。皆さんとはだいぶん朝の様子《ようす》が違《ちが》いますね。

さて、「**秋**」ですが、今では九、十、十一月をいい、今年は季節を中心にした暦のうえでは十一月七日の「**立冬**《りっとう》」まで、太陽を中心にした暦では十二月二十一日の「**冬至**《とうじ》」までが「秋」です。秋は草や木の色が黄色《きいろ》や赤い色に変わります。福島市に住んでいる、とても山に詳《くわ》しい人に聞きますと、私たちが住んでいる東北地方では、福島県の山の木の赤い色が一番きれいだそうです。木の葉の色が緑色《みどりいろ》から赤い色に変わることを「**紅葉**（こうよう・もみじ）」といい、「もみじ」が代表的《だいひょうてき》なので、「紅葉《こうよう》」を「もみじ」とも読むのです。福島県の秋の山の赤い色が美《うつく》しいのは、山に生《は》えている植物の種類《しゅるい》や、東北地方でも一番南にあるという場所などに秘密があるのかも知れませんね。

　昔の日本語では、「赤」と「明るい」は、「**赤**（アカ）」＝「**明**（アキ）」といって同じ言葉（語源《ごげん》が同じといいます）でしたから、草や木の赤（アカ・アキ）い色から季節を表す「**秋**（アキ）」という言葉ができたのだという考え方があります。また、秋は食べ物、とくに果物《くだもの》や稲《いね》が豊《ゆた》かに実《みの》る季節です。昔には、飽《あ》きるまで食べるという「飽《あ》き食《ぐ》い祭《まつ》り」があったようです。そこで、「飽きる」という意味から「秋」という言葉ができたのだと考える人もいます。どちらの考え方がよいのかわかりませんが、こうした考え方がたくさん集まって「秋」という言葉ができたのだと考えることにしましょう。

　ところで、秋は生物が生きていくうえで大切な季節です。人間は米《こめ》の取り入れをしますが、熊《くま》やリスなどは冬眠《とうみん》の準備《じゅんび》をし、渡《わた》り鳥は遠《とお》い国《くに》へ飛《と》んで行ったり、白鳥《はくちょう》のように日本へ来たり、アサガオは種《たね》を、ドングリは実《み》を残《のこ》し、やがて山には初雪《はつゆき》が降《ふ》ります。秋は命《いのち》を伝《つた》えたり、命を守《まも》る準備《じゅんび》をする季節なのです。そして冬が来ると、命は、冬眠する動物とか、根《ね》っこだけになった草や木のように眠《ねむ》ったようになったり、種や実や卵《たまご》を残《のこ》して新しい命と交替《こうたい》することになったりするのです。秋になると、多くの植物や動物が命を落《お》としていくことも忘《わす》れないでください。命を落とすといえば、「秋」という漢字《かんじ》は、危険《きけん》が迫《せま》って生き残れるか、滅《ほろ》びるかの大切な時《とき》などに、「秋」と書いて「**秋・とき**（＝時）」と読《よ》ませる場合《ばあい》があるのですよ。

秋はその他《ほか》に、芸術《げいじゅつ》の秋だとか、食欲《しょくよく》の秋だとかいいますが、皆さんに先生は読書《どくしょ》の秋を勧《すす》めます。

時間がありませんが、急《いそ》いで「**いばら姫《ひめ》**」というグリム童話《どうわ》の話をします。

ずっと昔、子供がいないので子供が欲《ほ》しいといっていた王様《おおさま》*とお妃様《きさきさま》*がいました。ある日、一匹《いっぴき》のカエル*が、「子供ができますよ」と告《つ》げますと、その通《とお》りに美《うつく》しいお姫様《ひめさま》*が生まれました。王様は大喜《おおよろこ》びでお祝《いわ》いの大きな宴会《えんかい》をし、招待《しょうたい》された仙人《せんにん》*の女性《じょせい》（仙女《せんにょ》）はお姫様に、世《よ》の中の人の欲しがるものを全部贈《おく》りました。ところが、お城《しろ》に招待*されなかった一人の仙女が現《あらわ》れて、お姫様は十五歳《さい》になったら糸《いと》つむぎに指《ゆび》を刺《さ》されて死《し》んでしまうぞ、と叫《さけ》びました。しかし、まだお姫様に贈*り物《もの》をしていなかった一人の仙女が、死ぬのでなく百年間眠《ひゃくねんかんねむ》るようにおまじないをしてくれました。お姫様が十五歳になると、意地悪《いじわる》な仙女がいった通りになりました。お城は時間が止《と》まったようにすべてのものが動《うご》かなくなり眠ってしまいました。そして、「いばら」がお城を固《かた》く固く囲《かこ》んでしまい、あっちこっちから王子《おうじ》が何人《なんにん》も訪《たず》ねてきてお城へ入《はい》ろうとしたのですが、いばらに引《ひ》っかかって死んでしまいました。

ちょうど百年が経《た》ったとき、一人の若《わか》*い王子がやって来て「いばら姫」の話を聞きました。この王子は、僕は恐《おそ》ろしくない、美しい姫に会うのだといってお城のなかに入っていきました。すると、いばらは自然《しぜん》に開《ひら》き、王子は姫の寝《ね》ている部屋《へや》へたどり着《つ》くことができました。王子が姫にキスをすると、姫は百年の深《ふか》い眠《ねむ》りから覚《めざ》めて懐《なつ》かしそうに王子を見つめました。こうして、二人は結婚《けっこん》して一生《いっしょう》楽《たの》しく暮《く》らしたのです。

さて、この童話にはたくさんの不思議《ふしぎ》が詰《つ》まっていますが、一番不思議なことの一つに、百年も眠るお姫様のことがありますね。皆さんはまだ十五歳（中学3年生くらいかな）にはほど遠《とお》いのですが、先生にはこの童話は、私たちには深く深く自分のなかに入っていって、皆さんが学習している蚕《かいこ》のように、長い長い間、眠《ねむ》ったようになって、いつかは本当に勇気《ゆうき》のある人と結ばれるような、「**大人《おとな》になっていく時間**」が大切になるときがあるのですよ、といっているように思います。先《さき》ほど話した熊やリスの冬眠の眠りとは違う、何かもっと難《むず》しい、お城が動かなくなるというように、いったんは不幸《ふこう》になるけれども、じっと待《ま》っていれば、人間の心《こころ》のなかが豊《ゆたか》になって幸福《こうふく》になっていく「**眠《ねむ》りの話《はなし》**」ですね。

最後になりますが、皆さんに、「**秋の人**」になってくださ

童話「眠《ねむ》れる森の美女」の王女（左）も「いばら姫」と同じく、糸つむぎに手をさされて、百年のあいだ眠ることになる（ギュスターヴ・ドレという人の版画《はんが》による）

い、ということもつけ加《くわ》えておきます。秋の人というのは、夏の暑《あつ》さで弱《よわ》っていた人が、涼《すず》しくなって少し活発《かっぱつ》になり、でも、秋の景色《けしき》のように静《しず》かで落《お》ち着《つ》きが感《かん》じられる人をいうのです。新しい学年が始まって四月から九月まで、指《ゆび》を折《お》って数《かぞ》えてみるともう六か月、一年の半分が過ぎました。十月は学年の後《うし》ろ半分の始まりです。皆さんも「活発、でも落ち着きがある」という、秋の人になって欲しいなあと思っています。

それではこれで、「全校朝の会」の話を終わります。

（二〇〇〇年十月二日）

一秒《いちびょう》に二枚剥《は》がれていく鰯《いわし》の鱗《うろこ》
心が美しいとはどんなことなのだろう

おはようございます。

皆さんが頑張《がんば》ったスポーツフェスタも終わり、秋らしさが始まる十月に入りました。十月になると空の様子も変わります。空《そら》を見あげてください。入道雲《にゅうどうぐも》のようなむくむくした雲も残っていますが、夏とは違う、澄《す》み切《き》った爽《さわ》やかな空が見えるでしょう。今度はこちらをみてください。秋を代表する空、雲といえば、この写真にあるような「＊**鰯雲**《いわしぐも》」のでている空です。高い空に小石《こいし》が並《なら》んだような姿《すがた》が、まるで魚《さかな》の「イワシ＊」が群《むら》がっているように見えたので、昔の人はこう呼んできたのです。この雲がでると雨が降りやすく、イワシがよく獲《と》れるといわれてきました。

ところで、サンマとならんで秋を代表《だいひょう》する魚はイワシですが、イワシの鱗《うろこ》は一秒《いちびょう》に二枚剥《は》がれます。なぜでしょう。イワシは海のなかを泳《およ》いでいても弱《よわ》い魚なので「**鰯**《いわし》」と書くのですが、皆さんが国語《こくご》の教科書《きょうかしょ》で習《なら》ったお話の「スイーミー」のように、みんなが集まって力を出し合い命を守ります。そして、鱗が剥がれやすいことは敵《てき》に捕《つか》まっても逃《に》げやすく、自分の身体《からだ》を守るのに都合《つごう》がいいのです。

私たちは毎日このイワシの鱗のお世話《せわ》になっています。どこで？　実《じつ》は歯磨《はみが》きの中に鱗が細《こま》かく砕《くだ》かれて入《はい》っていて、歯を磨《みが》くとき、この鱗を作っているカルシウムという成分《せいぶん》が歯を少しずつ治《なお》してくれているのです。

もうひとつ、秋の空とつながりのある生きものは何でしょう。この歌を聞いてください（♪「赤とんぼ」）。トンボですね。日本人は昔、自分たちの国を「**アキツ島**《しま》」と呼んでいました。アキツとは秋の虫のこと、つまりトンボのことです。ですから、昔は日本の国は「トンボの国《くに》」という意味があったのです。日本にしかいないトンボもいます。それは「**昔トンボ**」といって、珍《めずら》しいトンボです。大きなトンボは「**ヤンマ**」といいます。この間《あいだ》、東京で「オニヤンマ」を一万円《いちまんえん》で売《う》っているお店《みせ》があったので驚《おどろ》きました。トンボの命を大切にして欲しいと思いました。トンボはハエなどの害虫《がいちゅう》を食《た》べますが、虫を食べる姿《すがた》がたくましいので、英語では「ドラゴンフライ（龍《りゅう》のような空を飛《と》ぶ昆虫《こんちゅう》）」といっています。

さて、今きゅうに空が暗くなったとしたら星が見えるのです。本当は星は昼間《ひるま》もでているのですが、明るくて見えないだけなのです。今ですと、冬か春の星座《せいざ》が見えるのでしょうね。ところで、皆さんは星になった鳥のお話を知っていますか。宮澤賢治《みやざわけんじ》という人が「**よだかの星**」というお話を書いています。それは次のようなお話です。

「よだか*」と呼ばれる、歩き方も姿もちっともきれいでなく、強《つよ》くもない鳥がいました。ところが強い威張《いば》っている「タカ*」は、同じ名前を使われているのが嫌《いや》で、いつも「よだか」をいじめていました。そこで、「よだか」は名前をかえろ、そうでなければ殺《ころ》すぞといわれて、いじめられるくらいなら空の一番高い所まで飛《と》んで行って星になりたいと本気《ほんき》で考えるのです。まわりの星には笑《わら》われるのですが、「よだか」は自分の考えを行動《こうどう》に移《うつ》し、全部の力を出し切って最後には自分の身体《からだ》が燃《も》えている本当の星になるのです。

　鳥のなかでも弱《よわ》くて、いちばん姿のみにくい「よだか」は、なぜ星になることができたのでしょう。それは「よだか」という鳥が、誰《だれ》が見ていなくても仲間の鳥の命を助けたり、自分が餌《えさ》にしている昆虫の命を大切に考えたりしていることからわかるように、どんなに小さな命でも真剣《しんけん》に考え、その命を大切にする、心のやさしい、だから本当に美しいといえる鳥だったからでしょう。姿《すがた》や顔《かお》や格好《かっこう》はみにくくても、誰《だれ》にも負《ま》けない心の美しさと、自分の考えを行動に移せる力とが「よだか」を星にさせたのです。どんなに強くても、仲間をいじめて威張っている「タカ」は、本当は心がみにくくて、星なんかにはとてもなれないのです。

　まだ読んでいない人は、いつかこのお話を読んでみてください。眼に見える姿や格好だけできれいだと考えたり、生きものをいじめたり、一人でいる人を仲間や友だちにしない人は、その人のほうが本当は心がみにくいのです。あなたの心は本当にきれいなのですか、美しいですかと、このお話は私たちに問《と》いかけているように思いま

秋を代表する「いわしぐも」

す。自分の心《こころ》の様子《ようす》について考えてみてください。

それではこれで、今月の「全校朝の会」を終わります。

（二〇〇一年十月四日）

「ブドウ」は日本語になった古代《こだい》ギリシア語です
船《ふね》に乗《の》った人が消《き》え、飛行機《ひこうき》が墜落《ついらく》する海の不思議《ふしぎ》

おはようございます。

いよいよ十月になりました。今年もあと三か月です。強い台風二十一号が来ていて、今晩《こんばん》から大雨になるようなので気をつけましょう。暦のうえでは今日あたりは、夏に活躍《かつやく》した**虫たちが穴《あな》の中に入って蓋《ふた》をしてしまう日**だといわれています。そろそろ、朝の草などにある露《つゆ》が「**霜**《しも》」に変わる頃なのです。来週の今日（10月8日）は「寒い露」と書いて「**寒露**《かんろ》」と呼ぶ日で、古《ふる》い記録《きろく》（１９４４年）では仙台《せんだい》で十月三日にもう初霜《はつしも》が降《お》りています。

それから、もう終わった所もありますが、あと一週間くらいの間に稲刈《いねか》りの準備《じゅんび》が始まるときでもあります。あと一週間で**秋のまんなか**から**秋の終わり**（晩秋《ばんしゅう》）の時期に入ります。今日が一番秋らしくなる日の初めなのですね。全国でも有名なお隣《となり》の二本松市《にほんまつし》の「菊人形展《きくにんぎょうてん》」も今日から始まりました。

さて、今日も先生は朝、山に行ってきました。今朝《けさ》は珍《めずら》しい植物を見つけました。これです。「アケビ」*といいます。実《み》は皮《かわ》が厚《あつ》く、紫色《むらさきいろ》になるとこうやって縦《たて》に裂《さ》け、「**開《あ》けて実《み》が出る**」ので「開け実」といい、これが「通草（アケビ）」という言葉になったようです。実の内には黒い種《たね》がたくさん入

っていて、それが甘《あま》い白《しろ》いゼリーで包《つつ》まれています。そしてこのゼリーが食べられるのです。ツルはこのように籠*（かご）にし、茎《くき》や葉《は》は布《ぬの》を染《そ》めるのに利用します。茎は頭痛《ずつう》の薬《くすり》（漢方《かんぽう》）にもなります。アケビの皮も油《あぶら》で炒《いた》めると美味《おい》しく食べられるのです。昔の人々はアケビについてこんなによく研究し、知っていたのかと思うとすごいなあと感心します。

今日はもう一つ紹介《しょうかい》したい食べ物があります。これです、「ブドウ*」ですね。ところで、ブドウという言葉はどこから日本に伝わって来たかといいますと、この地図にある国、ギ*リシアです。ギリシアの国はみんなが楽しみにしているスポーツフェスタと関係があり、二千年以上も前からマラソンや体《たい》操《そう》などのオリンピックが始められた国なのです。ブドウは「**シルクロード**」（絹《きぬ》の道《みち》）という昔の人々が通《かよ》った道を、馬やロバに乗せられて、古代のギリシアやそのまわりの国から、はるばる日本のお隣の国である中国に運ばれて来ました。そしてここにある「胡椒《こしょう》*」や、皆さんが学習している蚕《かいこ》が作った「絹*」などと交換《こうかん》されました。この「絹織物《きぬおりもの》」や「絹の布《ぬの》」が通《とお》った道なので「シルクロード」といわれたのですね。さてブドウが届《とど》いたとき、中国人はブドウという果物《くだもの》がその頃の中国にはなかったので、ギリシア語でブドウを意味する「**ブドリュス**」という発音《はつおん》をまねて、アクセントの強《つよ》い「ブド」という前のほうだけとって「ブドー」と呼び、「**葡萄**《ぶどう》」という難《むず》しい漢字《かんじ》を当《あ》てたのです。こうして日本にも葡萄という果物と言葉とが伝わり、「葡萄」という言葉を使うようになったのです。私たちは、日本で古代ギリシア語を受《う》け継《つ》いで使っているわけなのです。

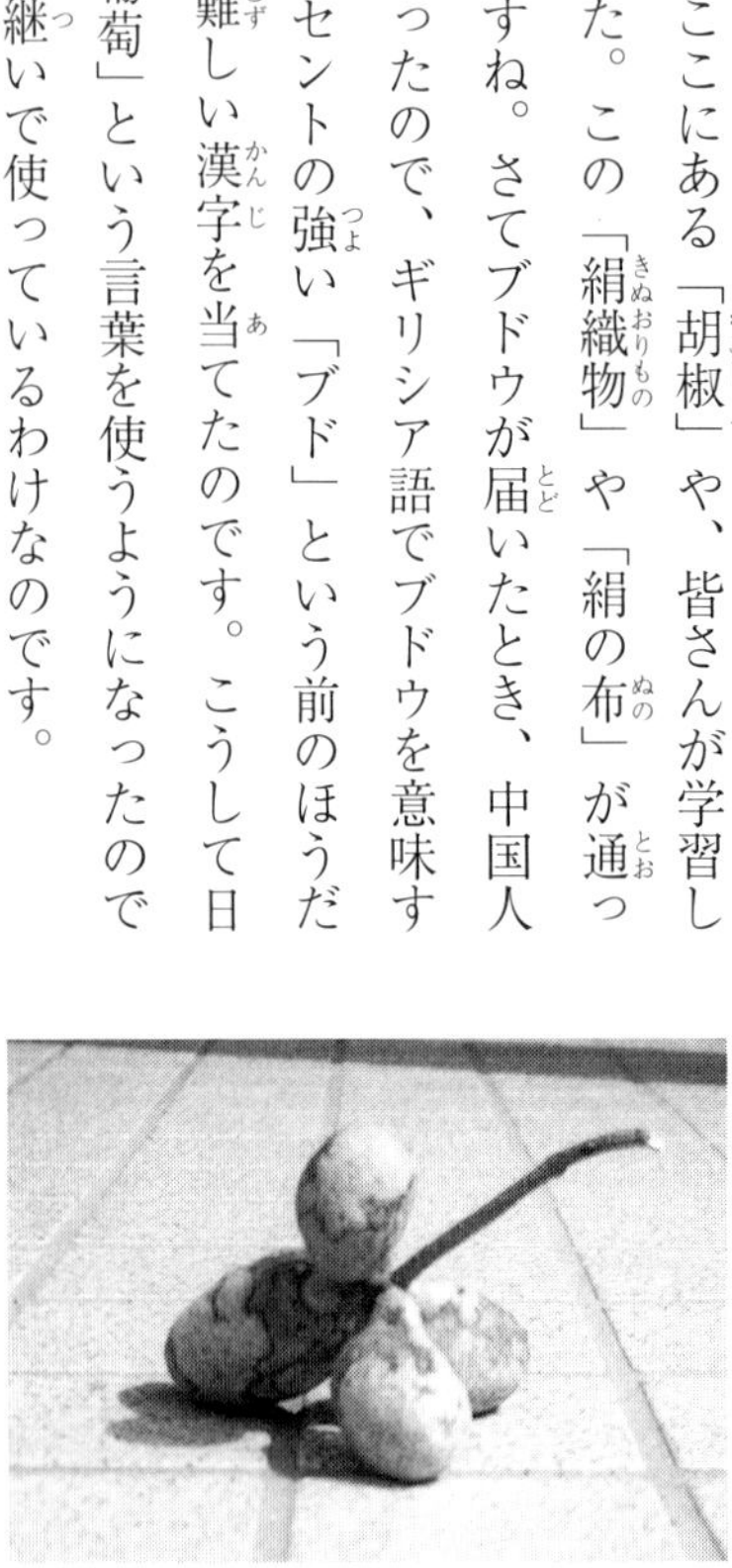

アケビ　4個もいっしょになっている実はめずらしい

食べることで思い出した不思議な話があるので、最後にこの話をしましょう。この話は九月に話した地球温暖化の話ともつながるので、どうつながるのか考えながら聞いてください。

先生は皆さんと同じ小学生のときに、**『世界《せかい》の七不思議《ななふしぎ》』**という本を読みました。そのなかで、大人《おとな》になっても忘《わす》れられない不思議な話がありました。その不思議の秘密・謎《なぞ》が最近《さいきん》わかり、とても驚《おどろ》いたのでお話《はな》ししましょう。この地図《ちず》を見てください。*アメリカ合衆国《がっしゅうこく》の南東《なんとう》の海（フロリダ・プエルトリコ・バミューダを結《むす》ぶ魔《ま》のトライアングル〈三角形《さんかくけい》のことです〉と呼ばれる海）に*大きな船《ふね》がさまよっていたので、他《ほか》の船の人々が乗《の》り込《こ》んでみると、食事《しょくじ》の用意《ようい》がきちんとしてあるのに誰《だれ》も船にいなかったそうです。昔からそんなことがこの辺《へん》の海では何回もあり、「きっと*大蛸《おおだこ》が出て人間を襲《おそ》ったのだ」と噂《うわさ》になり、みんな気持ち悪《わる》がったり、不安《ふあん》ななかで船《ふね》の旅《たび》をしたそうです。先生が読《よ》んだ本には写真も載《の》っており、小学生のときからとても不思議な話だなあ、もし本当だったらなぜだろうと、ずっと思って来ました。

そうしたら、最近《さいきん》、アメリカの国の最新《さいしん》の飛行機《ひこうき》がこの海の上で墜落《ついらく》するという事故《じこ》が何度《なんど》かあり、とうとうアメリカは本格的《ほんかくてき》な秘密《ひみつ》の解明《かいめい》に乗《の》り出したのです。そうしてとうとう長い間起《お》こっていた事故《じこ》の秘密がわかったのです。

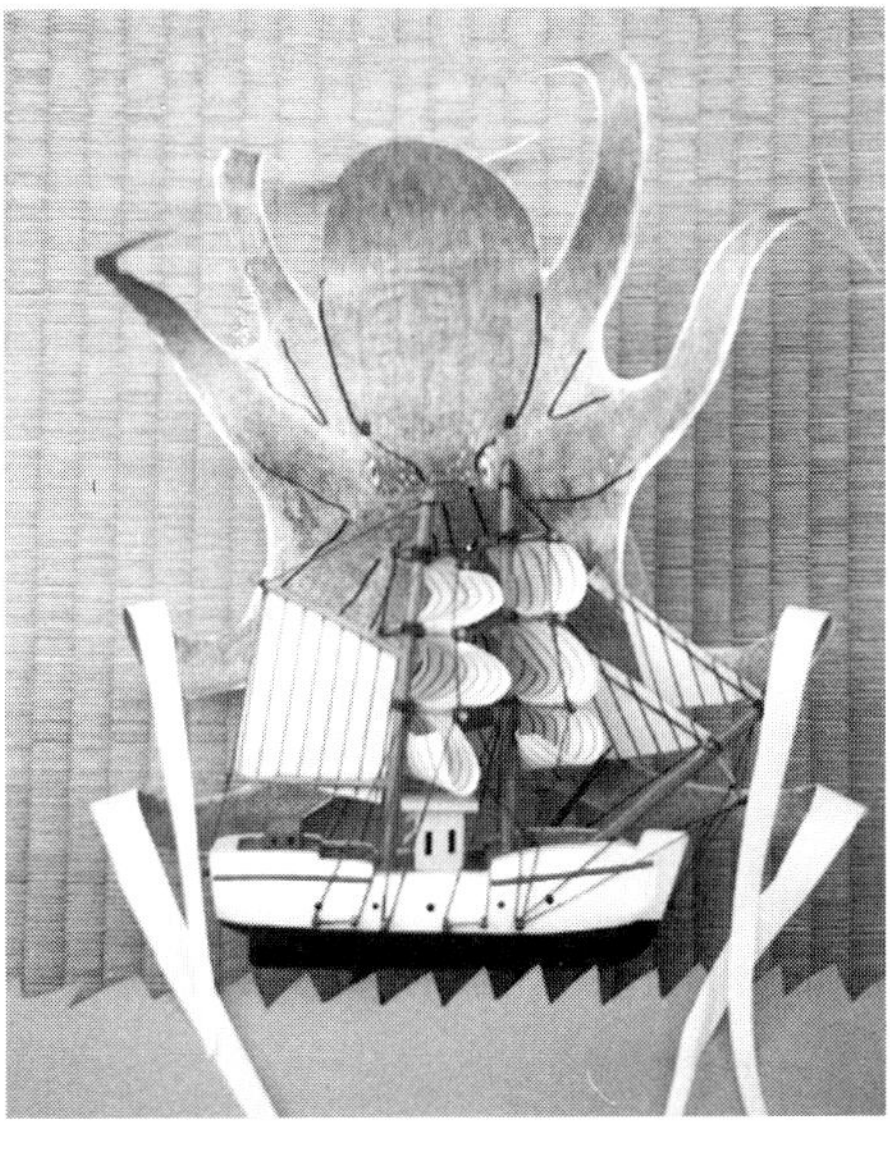

『世界の七不思議』という本には、このような絵もかかれていた

皆さんは事故を起した犯人《はんにん》は何だったと思いますか。「**メタン**」という人間には毒《どく》となる「ガス」だったのです。どういうことかといいますと、水に溶《と》けないメタン（炭素《たんそ》＋水素《すいそ》・CH_4《シーエイチフォー》）が、「**強い力**」（「圧力《あつりょく》」といいます）と「**冷《つめ》たい温度《おんど》**」とでいっしょになり、地球が氷《こおり》で覆《おお》われた時代に、海の底に厚《あつ》い固《かた》まりになって沈《しず》んでしまったのです。こんな様子《ようす》をしたメタンを「**メタンハイドレード**」といいますが、「ハイドレード」は「**水で囲《かこ》む**」ということですから、「水で囲んだメタン」ということです。この話は地球の温暖化《おんだんか》とつながっていますといったので、もう賢《かしこ》い人はわかったと思いますが、この「メタンハイドレード」は地球が暖かくなったことで、私たちのまわりにある空気より軽《かる》いガスになり、海の底《そこ》から強い勢《いきお》いで空にあがっていくようになったのです。このとき、大きな船に乗っていた人々はガスの毒の風にやられたのでしょう。このガスは、＊飛行機のエンジンもこのように止《と》めるので、アメリカの飛行機は事故を起《お》こし、墜落《ついらく》したことがわかったのです。

不思議はこれで解決《かいけつ》しましたが、世界のいろんな海の底にある「メタンハイドレード」をこのままにしておくと、ガスですから、地球温暖化が九月の校長先生の話よりももっと早いスピードで進《すす》みます。この「メタンハイドレード」をうまく取り出して、あと五十年ほどで終わる石油《せきゆ》に代《か》わるエネルギーとして利用する研究は、今とても急《いそ》がれているのですが、この研究や実際《じっさい》の利用は、近い将来《しょうらい》、これからの二十一世紀を背負《せお》っていく皆さんのなかの、誰かの仕事になっているかも知れません。

ではこれで、十月の「全校朝の会」の話を終わります。スポーツフェスタ、がんばりましょう。

（二〇〇二年十月一日）

「露《つゆ》」が「霜《しも》」に変《か》わる寒《さむ》さを感《かん》じる頃《ころ》です
夏鳥《なつどり》の燕《つばめ》と入《い》れ替《か》わって冬鳥《ふゆどり》の雁《かり》が来る日です

おはようございます。

今日は十月十日ですね。四月四日に始業式があり、四月五日には入学式をして一年生の皆さんを新しく迎《むか》えましたが、その日から六か月、つまり、ちょうど一年の半分が過ぎました。そこで今日は「前期終業式」ということになりました。

十月の「全校朝の会」で話したように、二日前の十月八日は寒《さむ》い露《つゆ》と書いて「**寒露**《かんろ》」と呼ぶ日でした。朝晩《あさばん》本当に寒くなりましたね。「寒露」というのは、「**霜**《しも》」になるようなとても冷《つめ》たい露のことをいい、日本では今から千年以上も昔から使っていた言葉です。元々《もともと》は隣《となり》の中国から伝わってきた言葉です。

ところで、今日は十が二つ続《つづ》きますが、どんな日でしょうね。暦のうえでは、ほら、このようにい*ろいろな菊《きく》の花（数種類の菊花の提示）が元気に開くよい日とされています。また、今日はこん*な鳥（狩野永敬『十二ケ月花鳥図』カラーコピー）が仲間《なかま》といっしょになって福島県に渡《わた》ってくる日ともいわれています。何という名の鳥かといいますと「**雁・かり**」です。この絵《え》ですと、秋の七草《ななくさ》のひとつである「萩《はぎ》」の花の上を飛《と》んで来ていますね。これは日本の秋らしさをうまく表《あらわ》した絵ですが、この鳥は、この間紹介《あいだしょうかい》した夏鳥《なつどり》の「ツバメ」とは反《はん》対《たい》で、日本で冬をすごすため「**冬鳥**《ふゆどり》」といいます。それから今日は、もう皆さんのなかには知っている人がいるようですが、十月十日の数字の形から「**眼**《め》**の日**」と決《き》められていますね（10と10の二枚のカードを横にしてそれぞれ右眼と左眼に当てる）。

さて、菊の花が開いたり、雁が飛んで来たりするとても秋らしい今日、附属《ふぞく》小学校では前期の終業式を迎《むか》えることができました。みなさんが大きな事故もなく終業式を迎えられたことを喜《よろこ》びたいと思います。今日から十五日までの五日間は、附属小学校が始まって初めての「秋休み」になるわけですが、皆さんはこの休みの間に、前期の自分の立てためあて、目標《もくひょう》はうまくできたかな、できなかったところは後期でどうやるかな、後期のめあて、目標はどうするかな、ということを考えてみてください。お家《うち》の方や、担任《たんにん》の先生と相談《そうだん》することも大切ですし、自分一人で考えて、みんなの前で発表したり、ノートにメモしておくことも大切です。前期に頑張《がんば》り過ぎて疲《つか》れた人は少し休んでもいいでしょう。のんびりしていた人は後期に頑張ればいいでしょう。いろいろ反省《はんせい》することから、自分が大き

冬をすごすため、萩《はぎ》の花の上に飛《と》んで来た冬鳥の雁《かり》（狩野永敬の日本画より）

くなっていくのですから、五日間の「秋休み」をじょうずに過ごしてください。そしてまた、みんな元気に十六日にここで会いましょう。

これで、「前期終業式」の話を終わります。

（二〇〇二年十月十日）

恐《こわ》いのでみせたくない「地獄《じごく》」の絵本《えほん》を読《よ》みますか
十月の「十三夜《じゅうさんや》」の月は「豆名月《まめめいげつ》」「栗《くり》名月」です

おはようございます。

さあ、いよいよ後期の生活が始まります。今日は十月十六日で十月の半分を一日過ぎた日ですから、ちょうど十月の後半が始まる日に、附属小学校の後期が始まるということになりますね。さあ、五日間の「秋休み」はうまく過ごせましたか。後期の自分のめあて、目標が立てられた人は、それを大切にして学年の後半に臨《のぞ》みましょう。まだ、うまく立てられていない人は、友だちや担任の先生やお家の方と相談してもいいですから、後期のめあて、目標をよく考えてみてください。

ちょっと耳を澄ませてください（♪「ちいさい秋みつけた」）。さあ、「ちいさい秋みつけた」と歌っていましたね。ドングリも銀杏《ぎんなん》もアケビも菊の花も秋の代表ですが、皆さんは、自分にとって一番秋らしいものとは何ですか？　それをみつけましたか。先生の秋は、夜が長い静かな秋なので、何といっても「**読書《どくしょ》**」です。今、先生が呼んでいる本を家から少しだけもってきました。これは、みんなと同じ『*くいしんぼうのあり』（オールスバーグ作、ほるぷ出版）の話《はなし》の本、これは、秋は月がきれいなので『*つきよにごようじん』（齋藤浩誠作、福武書店）という話の本、これはとても恐《こわ》いので皆さんにはみせられませんが、『*地獄《じごく》』（宮次男・監修、風涛社）のことが絵も付いて書いてある本、これも、絵がたくさん載《の》っているアメリカ黒人民話集《こくじんみんわしゅう》の『*人間だって空を飛《と》べる』（ハミルトン編、福音館）という本です。

でも、秋だ、秋だといってはいても、秋はあと今日を入れて二十二日しかありません。あと七日、つまり、一週間後の今日（27日）は「**霜降・そうこう**」といって、霜《しも》が降《お》りる日です。いよいよ秋の終わりなのです。

そこで、今日は「お月さま」の話をしましょう。日本では昔から、一年の中で一番美しい「月」は二つあって、それは先月《せんげつ》九月の「満月《まんげつ》」（芋名月《いもめいげつ》）と、今月見られる「**十三夜**《じゅうさんや》」の月だといわ

月の夜のできごとがかいてある絵本《えほん》や童話《どうわ》の名作　秋の夜には読んでみたい

れています。この今月の「十三夜」の月は、二日後のあさって見られるのです。「十三夜」というのは、満月の二日前の月なので、このように少し欠《か》けています（黄色紙に満月と十三夜の月を準備）。この十三夜の月には、「豆《まめ》と栗《くり》」を備《そな》えるのがふつうで、豆名月、栗名月ともいいます。あさって見られるといいですね。

最後になりますが、今週で、長かった後期の教育実習の先生方ともお別れです。心からのお礼《れい》を忘《わす》れないようにして、後期の生活に入りましょう。

それではこれで、「後期始業式」の話を終わります。

（二〇〇二年十月十六日）

読書の秋《あき》、アンデルセンの童話《どうわ》をすすめます イチョウは「生きている化石《かせき》」で秘密が多《おお》い樹《き》です

おはようございます。

いよいよ十一月に入りました。十一月は霜が降りる月、「**霜月**（しもつき）」といって、今日から暦のうえではもう冬です。「冬が立つ」という「**立冬**（りっとう）」は今月の七日です。今は太陽《たいよう》が沈《しず》むのは四時四十分過ぎですから、夜の来るのがずいぶん早くなりました。夜といえば、今月は十七、十八日に「**獅子座流星群**（ししざりゅうせいぐん）」といって、たくさんの流《なが》れ星《ぼし》が見られます。星を見るのが好《す》きな人は楽《たの》しみですね。

ところで、皆さんの「秋」はどうでしたか。先月はグリムの童話《どうわ》を勧《すす》めましたが、「赤ずきん」や「ヘンゼルとグレーテル」なんか読《よ》んだでしょうか。読書は秋に限《かぎ》らずいつでもしたほうがよいので、これからの冬には外に出かけることも少なくなるでしょうから、今度はアンデルセンの童話も勧めます。着物《きもの》が大好《だいす》きで、お金《かね》を残《のこ》らず着物のために使い、他《ほか》のことは何も考えない皇帝《こうてい》が、二人の機織《はたおり》職人《しょくにん》に騙《だま》されて、何も着《き》ていないのに立派《りっぱ》な服《ふく》だといわれて街《まち》を行列《ぎょうれつ》していたら、子供から皇帝は「何にも着ていない」といわれた「**皇帝と新しい着物**」の話なんかはよく知られています。先生が何回

読んでも感動《かんどう》する話のなかには、灰色《はいいろ》で大きくて変《へん》てこで、できそこないといわれ、ニワトリや仲間《なかま》のアヒルから馬鹿《ばか》にされ、醜《みにく》くて犬《いぬ》も噛《か》みつかなかったアヒルが、本当は、あらゆる美しい鳥のなかでも一番美しい鳥といわれる白鳥《はくちょう》だったことがわかる「**みにくいアヒルの子**」があります。本を考えながら読んだり、読みながら考えると、皆さんはとても賢くなるのですよ。賢《かしこ》いといわれる人は、実《じつ》は、たくさん本を読んでいるのです。これは確《たし》かなことなのです。

今日は最後に、秋らしい話として、この小学校のまわりを囲《かこ》んでいる「**イチョウの木**」の話をしましょう。イチョウには「**銀杏**（ぎんなん）」と呼ばれる実がなるので、この木のことは知っていますね。木がたくさんあるので、毎年この時期に皆さんが落《お》ちた葉《は》っぱの掃除《そうじ》をするのは大変《たいへん》ですが、イチョウの木には秘密が多いので、掃除をしていて、これからする話を思い出してくれるといいですね。三つ話します。

初めは、イチョウの木の歴史《れきし》です。イチョウの木は今から二億年《おくねん》前に、三階建《さんがいだ》てで屋上《おくじょう》もあるこの小学校よりも高く、九百人以上の皆さんが登校《とうこう》、下校《げこう》のとき通《とお》るこの小学校の玄関《げんかん》くらいの太《ふと》さで、地球上にたくさん生《は》えていました。けれども、皆さんがとても興味《きょうみ》をもっている恐竜《きょうりゅう》といっしょに絶《ぜつ》滅《めつ》しました。ところが、いま私たちが見ている「イチョウの木」の一種類《しゅるい》だけが生き残っていたのです。だから、「**生きている化石《かせき》**」といわれるのです。強くて長生きをする木なのですね。今から五十五年前に東京が戦争《せんそう》による空襲《くうしゅう》をうけ、焼《や》け野原になってしまったとき、最初に生えてきたのがイチョウの木でした。さて秘密ですが、葉っぱに時々、このようにとんがり*帽子《ぼうし》のような形《かたち》ができたり、*切《き》れ込《こ》みの多いものができたりします。実*がくっついた葉っぱもあります。また、老人《ろうじん》の木になると、この写真のように「乳*（ちち）」という部分ができたりします。そして、これらのことはなぜそうなるのかまだよくわかっていないのです。

次に、名前についてです。福島市ではちょうど今日くらいから、「もみじ」の「紅葉《こうよう》」とは違《ちが》って、「イチョウ」の「**黄葉前線**（こうようぜんせん）」といって、イチョウの葉がだんだんと黄色《きいろ》く色《いろ》づいていきます。イチョウは、中国の漢字では「**鴨脚**《いちょう》（かものあし）」と書きます。イチョウの葉の形が、皆さんが阿武隈川《あぶくまがわ》の白鳥を見学に行ったとき白鳥のまわりにたくさんいる、あの鴨《かも》の脚《あし》に似《に》ているので、このように書き表《あらわ》したのでしょう。今でも京都には「鴨脚」という苗字をもった家があります。一つの考えでは、昔、中国に勉強《べんきょう》に行った日本のお坊さんが、中国人の「鴨脚」の読み方、発音をヤーチャオと聞いて、イーチャオ、イチョウになったのだともいわれています。イチョウという言葉は、お釈迦様《しゃかさま》の教《おし》え（仏教《ぶっきょう》といいます）といっしょに日本に入ってきたのだともいえますね。

三つ目は、「イチョウの木」の大きな秘密の一つを発見したのは日本人だったという話です。「イチョウの木」はオスとメスの木にわかれていますが、

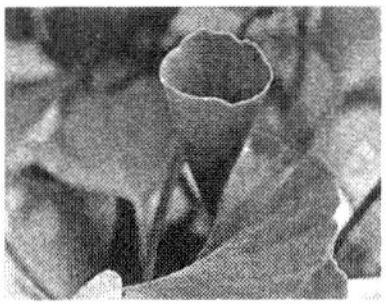

つつ（左上段）になったり、切れ目（左下段）が入ったり、実がくっついている（中）イチョウの葉　右は「乳《ちち》」という部分ができたイチョウの木

昔は、「イチョウの木」が子孫《しそん》を残すのは花粉《かふん》によってだろうと考えられていました。ところが、日本人の研究者によって、それは「**花粉**」ではなく、「**運動**《うんどう》**するオスの細胞**《さいぼう》」によるという世界的な発見がなされたのです。

皆さんも、まわりにあるもの、生きものに興味をもって、それらをよく観察し、いろいろな研究、発見をしてくれるといいなあと思います。

ではこれで、十一月の「全校朝の会」の話を終わります。

（二〇〇〇年十一月一日）

※　イチョウの精子の発見は、明治期に東京帝大植物教室で研究をしていた平瀬作五郎によります。しかし、この大発見も、その後、平瀬が突然に東大を辞して地方の中学教師になってしまったためか、忘れられることになります。

木の枝《えだ》に刺《さ》さっている蛙《かえる》はモズの「早贄《はやにえ》」でしょう
空気《くうき》と水《みず》と石炭《せきたん》からビニルができると聞《き》いて驚《おどろ》きますか

おはようございます。

十一月になりました。十一月は霜の降りだす月なので、昔から「**霜月**（しもつき）」といわれています。そういえば、昨日《きのう》は福島市の郊外《こうがい》にあり、この学校の正面玄関からも見える吾妻山《あずまやま》の小富士《こふじ》に、今年初めての雪が降りました。あさって七日は「**立冬**《りっとう》」といって、暦のうえでは「この日から冬に入りますよ」と決められている日です。いよいよ冬なのです。

でも、この頃はまだ暖《あたた》かい日もあって、そんな日は、「春に似ている穏《おだ》やかな日」という意味で「**小**《こ》**春**《はる》**びより**」といい、昔から「小春びより」は十一月を表《あらわ》す言葉でした。ところが、アメリカ合衆国《がっしゅうこく》にも「小春びより」の気候《きこう》があって、この気候のことをインディアン・サマー（Indian summer・インディアンの夏）といっていました。これからだんだんと気温が低くなるのは、暖かい熱《ねつ》をくれていた太陽が、日本からみると地球の南に移《うつ》るからなのです。

英語の話をしましたが、英語では十一月のことを「**ノベンバ**（November）」といいます。もともとこの言葉には、「冬に備《そな》えて狩《か》りをする月」という意味があるようです。日本では十一月を「霜月」とか「小春」と呼んで、お天気や気候に関係する言葉でも表していましたが、英語を使っていた外国の人たちは、冬を前にして食《た》べもののことを心配《しんぱい》していたのですね。食べものといえば、今朝《けさ》、先生は散歩をしていてこんなものを見つけました。*蛙《かえる》が木の枝《えだ》に刺《さ》さっています。これは多分、今頃、高い声でキー、キーと鳴く「モズ*」という鳥がやったことで、「モズ」はお腹《なか》が空《す》いたときに食べようと、捕《つか》まえた「蛙」や「カマキリ」をよく木に刺しておきますが、それだと考えます。鳥も冬を前にして狩りをしているわけです。鳥の犠牲《ぎせい》になったこんな小さな動物のことを「**はやにえ**」といいます。

さて、二学期も二か月足《た》らずとなりました。皆さんはいよいよ今年たてた自分のめあて、目標や願いについて、少しずつふり返《かえ》ってみなければならなくなりました。そこで今日はその参考《さんこう》のために、ついこの間、日本人で、世界中の人のために役立つ研究をした人だけに与《あた》えられるノーベル賞《しょう》をもらった、野依良治（のより・りょうじ）さんの話をしてみましょう。これが野依*さんの写真です。

野依さんは、小さい頃から自然のなかで遊んでばかりいたそうで、それが大人になって自分の研究にはとてもよかったといっておられます。少年時代に、「空気*」と「水*」と「石*《せき》炭《たん》」から大変便利《べんり》な「ビニル*」が作られたと聞いてとても驚き、自分も世の中の役に立ち

モズのはやにえ（カマキリ）
小鳥、ネズミ、トカゲ、ザリガニ、フナ、バッタ、トンボなどの場合もある
木の枝はモズの調理場で、これらは冬の食料にもなるが、新年には他の鳥へのいちはやいささげもの（にえの意味）にもなる

たいと強く思ったそうです。皆さんはここにある「空気」と「水」と「石炭」から「ビニル」ができると聞いて驚きましたか。野依さんは大人《おとな》になって実験《じっけん》しても「**失敗**《しっぱい》」ばかりだったそうですが、「失敗」から学《まな》んだり、わかったことの方《ほう》がたくさんあったといっています。なるほど、どうして「失敗」したんだろうと考えることが大切なのですね。

野依さんが発明したのは、「*右と左とを作り分《わ》けるクスリ」だそうです。ここにいる六年生の人の右手と、先生の右手だと、ほら、ぴったりと手が合って握手《あくしゅ》できます（実際に握手する）。左手と左手でも同じです。ところが、このように、右手と左手だとぴったり握《にぎ》れません。そこで野依さんは靴《くつ》のたとえでいえば、右足が出てくれば右足に合う靴をつくり、左足が出てくれば左足に合う靴を作るというように、「右と左とを作り分ける魔法《まほう》のクスリ」を発明《はつめい》したのです。そして、顕微鏡《けんびきょう》で見るとこのクスリの体（からだ）の仕組《しく》みはとても美しいそうです。

こうした発明をした野依さんが、小学生の皆さんに伝えたいことがあるそうです。それは、「**夢**《ゆめ》**や希**《き》**望**《ぼう》を強くしっかり持《も》つことが大切ですよ」ということと、「自然のなかでよく**観察**《かんさつ》しましょう」ということでした。先生が驚いたのは、野依さんが皆さんに伝えたかったことは、この学校の大きなめあて、目標と同じだということです。さあ、残された二学期を寒さに負けないで頑張っていきましょう。

これで、今月の「全校朝の会」の話を終わります。

（二〇〇一年十一月五日）

日本で一番古《ふる》いお菓子《かし》を見てください
水が飲《の》めないで死《し》んでいく子供たちと井戸《いど》の話

おはようございます。

今日から十一月です。日本の千メートルを越《こ》す山ではもう雪が降りました。福島市の吾妻山も真っ白です。秋はとうとうあと五日となりました。来週の七日は、冬が立つと書いて「**立冬**《りっとう》」です。この日から暦のうえではいよいよ「冬」の季節に入ります。福島市では「**初雪**（はつゆき）」が何日に降るのかも注意しておいてください。

この間は「**黄蝶**＊（きちょう）」の話をしましたが、理科の先生にうかがうと黄蝶は**冬を越《こ》す蝶**だそうです。こんな小さな蝶が摂氏零下《せっしれいか》十度にもなる冬を越すなんて驚きますね。こちらの「モンシロ蝶＊」は卵《たまご》を産《う》んで死《し》んでしまいます。そういえば、先生は朝早く起きてこういう葉っぱをみつけてきましたが、冬に備《そな》えて、小さな虫が葉を食べたり、卵を産んだりしています（虫が食べた葉と、裏《うら》に卵を産んでいる葉）。ちょうど今頃は、命が交代《こうたい》をする季節なのですね。多くの生きものは、たくさん食べないと冬が越せないし、子供も産めないのです。

たくさん食べるということで思い出しましたが、食欲《しょくよく》の秋なので、この間はギリシアから来たブドウの話をしました。今日は、お隣の中国の国から伝わって来た、日本で一番古いお菓子《かし》の話をします。どんなお菓子だと思いますか。これがそうです。名前は難《むず》しいですが「**清浄歓喜団***（せいじょうかんきだん）」と書いてあります。袋《ふくろ》の形をしていて、粉《こな》に七種類《しゅるい》の果物《くだもの》（栗《くり》・柿《かき》・杏《あんず》など）や薬草《やくそう》を入れて、それを胡麻油《ごまあぶら》で二十分間揚《あ》げて作るそうです。お菓子の名前は、心と身体《からだ》を清《きよ》め、心から晴《は》れやかになるお菓子という意味で、昔（**奈良**《なら》に日本の中心《ちゅうしん》があった時代）はりっぱな人しか食べられなかったようです。係《かか》りの先生が二階《かい》に展示《てんじ》してくださるので、興味《きょうみ》のある人は見てください。一つしかないので食べないでくださいね。

さて、今週は同じ福島県の小学生で、外国に行かなければ手術《しゅじゅつ》が受けられない「美貴《きみ》さん」を救《すく》うため、皆さんに募金活動《ぼきんかつどう》をしてもらいました。人の命を救うための活動は一番尊《とうと》い活動だと思います。募金活動というと、先生には必《かなら》ず思い出す話があるので、今日は最後にその話をします。

私たちはこうして*水道《すいどう》の蛇口《じゃぐち》を回せば水を簡単《かんたん》に飲《の》むことができます。ところが、世界には水が飲めなくて死んでいく子供たちがたくさんいます。**カナダ**という国に住む小学生**ライアン君**は、学校で先生から、「**井戸**（いど）」さえあれば自分たちと同じ子供たちが死なないのに、井戸がないばかりに多くの子供たちが命を失《うしな》っている、アフリカの「**ウガンダ**」という国の話を聞きました。学校の先生が、日本の国のお金ですと六千円あれば井戸ができるといわれたので、ライアン君は毎日毎日一所懸《いっしょけん》命《めい》、自分の家の掃除や草取りをしてお小遣《こづか》いを貯《た》めて先生の所にもっていったのです。でも、必要《ひつよう》とするお金は本当は十六万円《まんえん》だったのです。ライアン君はがっかりしました。ところが、ライアン君はここから、大きなできごとを生むことになる行動にでるのです。何日かかってもいいからと、彼《かれ》はまた家のお手伝《てつだ》いを始めたのです。この熱心《ねっしん》さに負《ま》けて、それをみていたライアン君の親《おや》も寄付《きふ》をし、日本のお金で二百万円から三百六十万円も集まりました。隣《となり》のペイターさんもプレゼントということで二百万円の寄付をしてくださり、とうとうカナダの国の運動になり、カナダ政府《せいふ》も援助《えんじょ》をするまでの運動に発展《はってん》したのです。こうして、ウガンダの国のアンゴロ小学校には井戸ができ、今ではアンゴロには三十の井戸が掘《ほ》られたそうです。ライアン君は「井戸が欲しいよ」と訴《うった》えていたアンゴロ小学校のジミー君と固《かた》い友情《ゆうじょう》で結《むす》ばれたそうで、ライアン君の夢《ゆめ》は、ジミー君を助《たす》けることなのだそうです。

井戸を掘るといっても大変なのです。今は機械《きかい》で掘りますが、砂漠《さばく》が多くて貧《まず》しい国では、今でも井戸ひとつだってなかなか掘れないのです。機械を使わない井戸の掘り方を紹介《しょうかい》します。まずこうして、井戸を掘る場所に大きな*鉄《てつ》の輪《わ》を置《お》きます。このなかに入って土を掻《か》き出します。そのとき、このように櫓《*ろ》を組み、滑車《かっしゃ》でバケツの土を外にだせるようにしておきます。深く掘るたびにこの鉄の輪を足《た》して降《お》ろしていきます。穴が深くなると掘っている人は空気が不足《ふそく》して倒《たお》れてしまうことがあります。こうして、浅《あさ》い所では十メートルくらい（大人が6、7人くらい両手《りょうて》を伸《の》ばして並《なら》んだ長さです）で水がでるようです。深く掘っても水がでてこない所もあります。水がでてきたら、地面《じめん》のなかに埋《う》め込《こ》んでいった、筒《*つつ》になっている長い鉄の輪のなかに、水が通《とお》る太《ふと》いパイプ*（管・くだ）を入れてできあがりです。あとは、このような汲《*く》み出し用《よう》のポンプ（写真）をつければいいのです。

ここで皆さんに問題を出しましょう。水を汲み上げるとき、地下《ちか》の一番下の、水と触《ふ》れているパイプの口の先《さき》には、ゴミなどが入らないように何かをつけて置《お》く工夫《くふう》がいります。何でしょう。それはこのような、＊たくさんの枝《えだ》に葉《は》っぱがたくさんついている竹《たけ》なのです。竹は、エジソンが初《はじ》めて電球《でんきゅう》を作ったときにも使われましたが、こんなときにもとても便利《べんり》なのです。さあ、スコップで掘っていく井戸掘りが大変《たいへん》だという事《こと》がわかってもらえたと思います。

水の話なので、参考《さんこう》のためにいいますと、世界では**五人に二人**の人が清潔《せいけつ》な水が使えなくて困《こま》っています。また、世界の人口《じんこう》の約半分（42パーセント、26億人《おくにん》）の人はトイレなどに使う水（下水道《げすいどう》といいます）のない生活をしています。このことを考えると私たちは、水一滴《いってき》でも大切にする生活をしないといけませんね。

今日は命と水を大切にするボランティア活動について話しました。

これで、今月の「全校朝の会」の話を終わります。

（二〇〇二年十一月一日）

井戸掘りの様子　実際には模型《もけい》（たとえば、滑車《かっしゃ》の台はわりばし、吸水管はたくさんのトイレットペーパーのしんなどを使用）をつかって説明した

戦争《せんそう》については「人間《にんげん》が一人でも死ぬのならば反対《はんたい》」という考え方が大切《たいせつ》
卵を守るために「降《ふ》る雪《ゆき》の高《たか》さを予報《よほう》できる」カマキリの不思議

おはようございます。

いよいよ今年一年の最後の月、十二月になりました。今年の十二月はとくべつの十二月で、二十世紀《せいき》最後の一か月であり、皆さんがこれからもっともっと成長《せいちょう》して活躍《かつやく》することになる二十一世紀を迎《むか》える直前《ちょくぜん》の一か月でもあります。

ところで、あと三十日で終《お》わることになる二十世紀という百年間《ひゃくねんかん》はどういう時代であったかといいますと、とても残念《ざんねん》で、悲《かな》しいことですが、何といっても世界中の人々を巻《ま》き込《こ》む大きな戦争《せんそう》が二回もあり、たくさんの人間が犠牲《ぎせい》になったということがあげられます。最初《さいしょ》の戦争は第一次世界大戦《だいいちじせかいたいせん》といい、「**約《やく》九百万人**」ちかい人々が亡《な》くなりました。これは、今の東京に住んでいる人間よりちょっと少ないくらいの数《かず》なのです。二回目の世界戦争は第二《だいに》次世界大戦《じせかいたいせん》といい、「**約《やく》二千二百万人**」の人々が亡くなりました。これは今の

第１次世界大戦で家も家族も失い、道路で眠る子供たち　戦争では子供と老人が最初に大きな被害を受ける

東京の人口の約二倍《ばい》の数です。いま東京に住んでいる人間の二倍の数の人々が亡くなったということは、とても恐《おそ》ろしいことであり、大変《たいへん》なことなのです。先生の父《ちち》の方《ほう》と母《はは》の方とのおじさんも、この二回目の世界戦争で一人ずつ亡くなっています。戦争で人が亡くなることを**戦死**《せんし》といいますが、一軒《いっけん》の家のなかで、これから働《はたら》こうという若《わか》い青年《せいねん》が亡くなるということは、そこの家が滅《ほろ》びていくことにつながるのです。

二十世紀では、こんなにたくさんの世界中の人々が戦争の犠牲《ぎせい》になったわけですから、私たちはどんな理由《りゆう》があっても、もう戦争は絶対《ぜったい》にしない、起《お》こさせないという強い気持ちをもって、新しい二十一世紀にのぞまなければいけません。日本は、いつでも、どこでも、最後《さいご》まで、世界に戦争をさせない努力《どりょく》を貫《つらぬ》き通《とお》す国をめざしていきたいものです。どんなにすばらしい理由があっても、一人の人間の命が奪《うば》われるのであれば反対《はんたい》するという気持ちを忘《わす》れなければ、それが立派《りっぱ》な戦争反対になるのです。どうかこのことは忘れないでください。

さて、今日はもう一つ皆さんにお願いがあります。それは、たくさんの「**こころのじゅんび、たくわえ**」をして、新しい年と新しい世紀を迎えましょうということです。

きのうも先生は近所の山に行きましたが、枯《*か》れ葉《は》を落とした木の跡《あと》には、ここを見てください、このように、今度やって来る春のために、新しい木の

第２次世界大戦では、日本の街《まち》に住む子供たちは、自分の家をはなれて、戦争の被害の少ない地方へ集団でうつり（「そかい」という）、みんなで生活をした

芽《め》が「**じゅんび**」され、新しい命が「**たくわえ**」られています。こんな*栗《くり》の実《み》も落ちていました。暖かくなったら、地面のなかから芽を出してくるのでしょう。栗の木は自分の仲間を増《ふ》やすために栄養《えいよう》を「たくわえ」、実を「じゅんび」したのです。この*蓑虫《みのむし》も一所懸命《いっしょけんめい》に繭《まゆ》に枯れ葉をつけて冬を越《こ》す「じゅんび」をしていました。あとで、もとの木があった場所に返《かえ》しておきましょう。この*カマキリの巣《す》も、カマキリのお母さんは巣を作って死んでしまいましたが、今度来る春のために、新しい命を「じゅんび」してくれたのです。カマキリがすごいのは、巣が雪に埋《うま》らないために、その年に降《ふ》る雪の高さより少し高く自分の巣を作ることです。どうしてカマキリに、気象庁《きしょうちょう》の人のような雪の量《りょう》の予《よ》報《ほう》ができるのか、人間にはまだよくわかっていません。皆さんのなかでこの秘密《ひみつ》を解《と》いてくれる人が現《あらわ》れるといいですね。トカゲやカエルやバッタなどが木の枝《えだ》に刺《さ》さっているのを見たことがあると思いますが、これはカエルの「*はやにえ」といって、多分《たぶん》、モズ（百舌）という鳥が、冬の「じゅんび」として食べ物の「たくわえ」をしたものです。カエルは干乾《ひから》びていますから、モズはもう自分がやった「はやにえ」を忘《わす》れたのでしょう。

　このように、植物や動物などの生きものは、次にやって来る新しい季節《きせつ》に向《む》かってみんな「じゅんび」、「たくわえ」をしているのです。そうしないと、自然の世界は厳しくて、何もしないでいては、

やがて降《ふ》り積もる雪よりも高く、アワの中に卵をうむメスのカマキリ

とても生きていくのが難しく、滅んだり死んだりしてしまうのです。皆さんもこうした生きものから、新しい年に向かって、しっかり学習や、ゆとりをもった「こころのじゅんび、たくわえ」をすることを学《まな》んで欲しいのです。今月はこのことを心がけるようお願いします。

ではこれで、今月の「全校朝の会」の話を終わります。

（二〇〇〇年十二月一日）

菫《パンジー》（すみれ）には「考える」という意味があります
今日《きょう》は林檎《りんご》が地面に落ちない世界を体験《たいけん》しましょう

おはようございます。

十二月になりました。今週のはじめには福島市内に初雪《はつゆき》が降りました。雪はこの学校から見える吾妻山の形を、雪がないときよりもぐっと大きく見せてくれています。白い雪で山が目立ってきたのですね。本当にそのように見えるかどうか、雪山の姿《すがた》をあとでゆっくり見ておいてください。

十二月は一年の終《お》わりの月、とくに今年は、二十一世紀の最初の一年が終わる月でもあります。今年のうちにやっておくめあて、目標《もくひょう》、計画《けいかく》などがあったのに、まだそれらを残《のこ》している人は、あと一か月のうちに頑張《がんば》ってやってみてください。十二月は昔から「**師走**《しわす》」といって、「師」、つまり、先生が忙《いそ》しく走《はし》りまわる月という意味があります。「**師馳**《しは》**せる**」からきた言葉で、「馳《は》せる」は「走る」と同じ意味です。もともとは、お寺《てら》のお坊《ぼう》さんが一年が終わってしまわないうちに、早く早くと、日本《にほん》全国《ぜんこく》あちらこちらにお経《きょう》をあげるために走りまわったことからきた言葉だといわれています。

さて、今日は十二月最初の日で、夜は満月《まんげつ》になります（「冬の星座《せいざ》」♪）。冬の夜空《よぞら》は寒《さむ》いのですが、空気が冷《つめ》たいので星が青《あお》く輝《かがや》き、たくさんの星、星座も現《あらわ》れ、一年のうちでも空が一番きれいに見える季節なのです。オリオン座や、冬の星の王様《おおさま》であるシリウス一等星《いっとうせい》を是非《ぜひ》探《さが》してみてください。

ところで、二学期は皆さんと校長先生とは、**「よく考えて暮《く》らしましょう」**という約束《やくそく》をしました。そこで、この約束について、皆さんの担任《たんにん》の先生方《がた》にそっと尋《たず》ねてみますと、学級《がっきゅう》の皆さん全員《ぜんいん》が「よく考える」という約束を覚《おぼ》えていますよ、という返事《へんじ》をいただきました。うれしかったですね。花のなかには「考える」という名前のついた、皆さんがよく知っている花があります。何の花でしょう。これです。「菫*」です。菫のことを私たちは**「パンジー」**といいますが、これはもともとはフランスという国の**「パンセ」**という言葉からきており、「パンセ」は今でもフランスの言葉では「考える」という意味があります。

では今日は、先生が小学生の頃に「考えたこと」を一つと、私たちが生きている今の世の中で、「よく考えたのでできた」新しい発明、発見のお話をしてみましょう。先生は六年生の理科《りか》の学習の時間に、電気《でんき》はこのような銅線*《どうせん》さえあればその中をどこへでも伝《つた》わっていきますと習《なら》いました。次の時間には光《ひかり》の学習をして、光はあちこち広《ひろ》がるけれど、一秒間《いちびょうかん》に地球を七回半《はん》まわる、と習いとても驚《おどろ》きました。そこで六年生だった先生はよく考えて、理科の先生に、光を集《あつ》めて電気のように銅線の中を走らせたらどうでしょう、といいました。そうしたら理科の先生に、「大馬鹿者《おおばかもの》、そんなことはできません」といわれました。でも今では、光《ひかり》ファイバーといって、このようなガラス*の管《かん》の中などに光を通して、どんなに遠い場所、例《たと》えば地球の裏側《うらがわ》とでも、すぐに話ができたり、文字《もじ》が送《おく》れるようになっています。皆さんのこの学校にも光ファイバーの線《せん》がきているのですよ。

ですから、考えたことは、たとえどんなに馬鹿《ばか》げたことや小さなことでも、いつかはきっと「もっともっとよく考えられて」発明《はつめい》、発見《はっけん》されるのです。イギリスの**ニュートン**という科学者《かがくしゃ》は、林檎《りんご》が木から落《お》ちるのを見て、「どうして物《もの》は地面《じめん》に向《む》かって落ちるのだろう」と考えたそうです。みんなが当《あ》たり前《まえ》にしていることを考え直《なお》したのですね。そして、物は落ちるのではなく、それは地球の中の方に物を引《ひ》っ張《ぱ》る力《ちから》があるからだということを発見し、その力を計算《けいさん》したのです。

ところで、このニュートンよりもとても大きな発見をしたといわれる人に、アメリカの**ハッブル**さんがいます。ハッブルさんは、地球の上で＊望遠鏡《ぼうえんきょう》をのぞいていても、宇宙《うちゅう》にあるたくさんの星の動《うご》きを知ることはできない、どうしたらいいのだろうと考えて、望遠鏡を地球の外《そと》に打《う》ち上《あ》げ＊（地球儀を使う）、宇宙望遠鏡を考え出しました。この発明は宇宙の新しい秘密をたくさん発見し、また解《と》いてくれました。ハッブルさんの望遠鏡は、もう見るための望遠鏡ではなくて、宇宙のたくさんの星からの合図《あいず》や信号《しんごう》を集《あつ》めるためのバケツのようなものだといわれています。

このように、地球のなかに住む人間の眼《め》で考えたり、地球の外の眼で考えたりすることが大切なのです。そうすると、私たちのまわりには、ニュートンのように林檎が落ちる世界と、物を引っ張る地

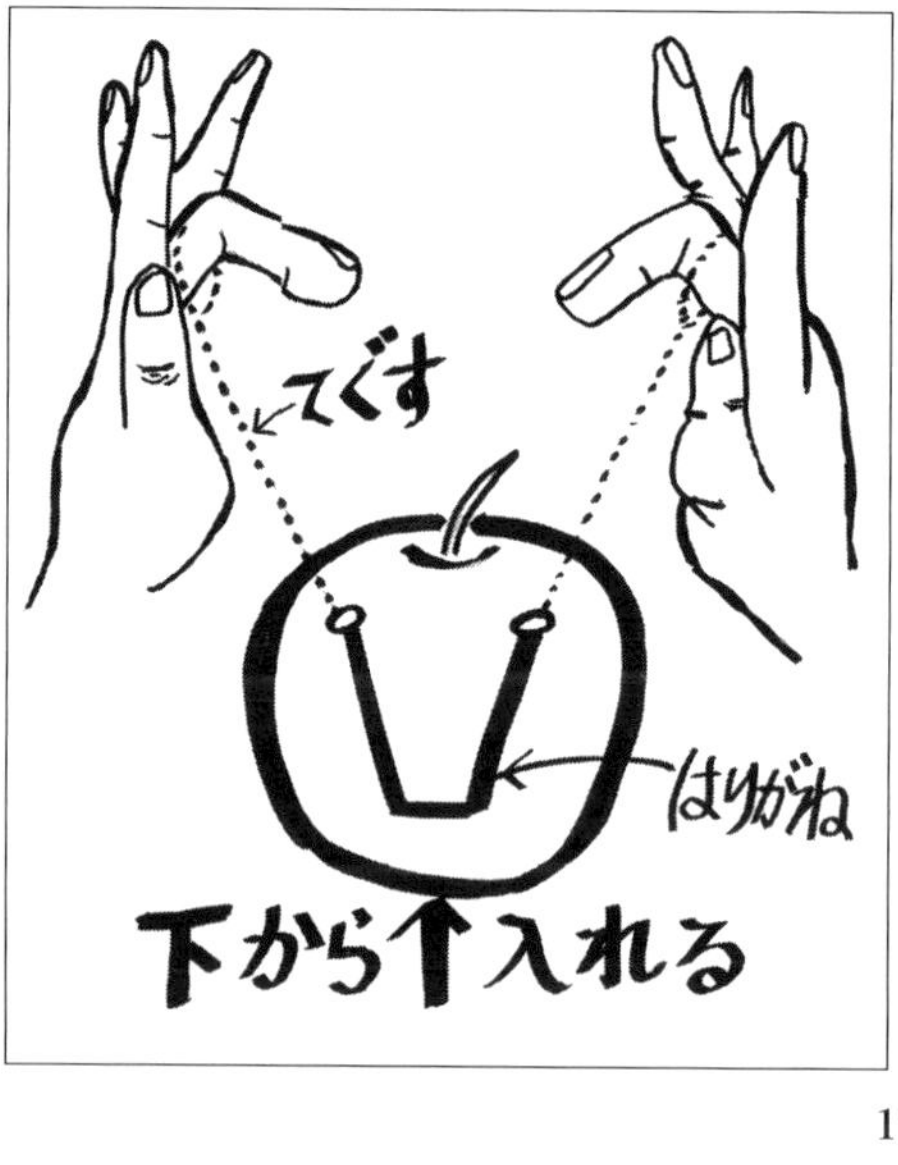

落ちないリンゴのたねあかし

球の力から自由になって、このように林檎*が落ちない世界（両手を離して持っていた林檎を浮かせる。図・参照）もあるのだということがわかってくるのです。よく考えることは楽しいことでしょう。

ではこれで、今月の「全校朝の会」の話を終わります。

（二〇〇一年十二月一日）

小鳥《ことり》の巣《す》にはビニルシートが敷《し》いてあるよ
アンドロメダは地球《ちきゅう》と合体《がったい》して新しい星をつくりたいようです

おはようございます。

いよいよ今年の終わりの月の十二月に入りました。暦のうえでは、今週いっぱいで冬の初め、「**初《しょ》冬《とう》**」も過ぎて、来週より「**冬のまん中**」に入ります。ちょっと耳を澄《す》ませて聴《き》いてください（「雪」♪）。今週は「まわりが塞《ふさ》がって冬に成《な》る（閉塞而冬成）」という時期ですが、七日の「**大雪**（たいせつ）」より、空の様子はこの歌にあるように本格的《ほんかくてき》に雪が降る、完全《かんぜん》な冬型《ふゆがた》になります。今頃は昼よりも夜の方が二時間くらい長く、地球の北の方にある日本から見ると、太陽は地球の南の方に当たっていて、それだけでも寒いのです。

今朝《けさ》も先生は朝早く起《お》きて山の近くを散歩しましたが、山も野原もひっそりとして目立つものはありませんでした。でも、夏に繁《しげ》ったたくさんの木の*緑《みどり》の葉《は》っぱが枯《か》れ落《お》ちてしまったので、今まで見えなかったのに見えてきたものがありました。何でしょう（緑の葉の裏《うら》に小鳥の巣《す》を隠《かく》しておく）？そうです、*小鳥の「巣」です。本物《ほんもの》ですよ。もう鳥も来《こ》なくなって霜《しも》や雨に濡《ぬ》れていましたし、鳥は一回使《いっかいつか》った巣はもう使わないそうですから、皆さんのためにもらってきました。よく見ると、細い木の枝をうまく編んでいたり、綿《わた》のような柔《やわ》らかいものを使っていたり、巣の一番底《そこ》にはビニルシートも敷《し》いてあって、なかなか工夫《くふう》してありますね。二階《かい》の廊下《ろうか》の机《つくえ》の上に置《お》いておきますので、誰《だれ》か、どんな鳥の巣なのかを調《しら》べてくれるといいですね。

さて、まわりの生き物や風景《ふうけい》が淋《さび》しくなりましたが、冬になると空にもきれいに見えてくるものがあります。そうです。星です（冬の星座の模型を見せる）。冬一番よく光る星はこの「**シリウス***（大犬《おおいぬ》座《ざ》）」です。また、昔から、お話、物語によって「星の仲間」をつくったものを「**星座**《せいざ》」といい、現在《げんざい》は**八十八の星座**が認められています（今から74年前の1928年に決定《けってい》しました）。星座の王様《おおさま》（チャンピオン）は「**オリオン座***」です。ちょうど今の冬の季節の星座なので東の夜空にでています。シリウスの上の空にあってこんな形《かたち》をしていますから、是非《ぜひ》さがしてください。この形は狩人《かりゅうど》でこんな人物《じんぶつ》であったオリオンからつくられました（オリオン*の人物の絵を見せる）。ある時、オリオンは「月の女神《めがみ》」で「狩《か》りの女神」でもあるアルテミス*（絵画をみせる）が好《す》きになります。ある日、二人でいっしょに狩りをしていたとき、オリオンが自分の腕《うで》前《まえ》を自慢《じまん》して、地上《ちじょう》の生き物は全部射止《いと》めてやるといったものですから、大《だい》地《ち》の女神が怒《おこ》ってサソリ*を送《おく》って、オリオンはサソリの猛毒《もうどく》で死《し》ぬことになります。ですから、夜空では、夏の**サソリ座**が冬のオリオン座を追《お》いかけているのです。

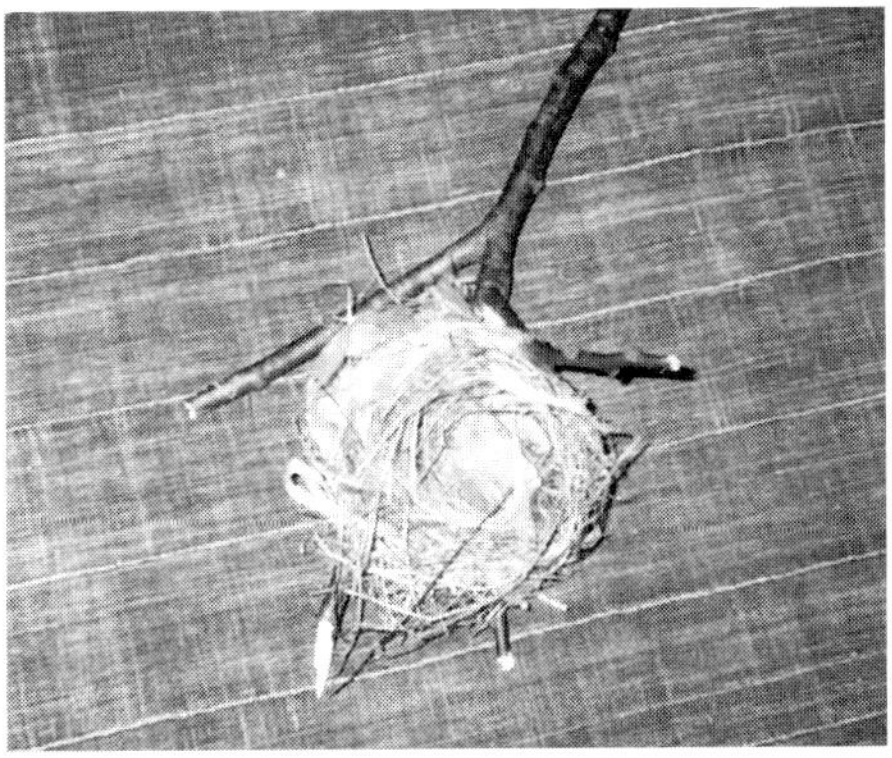

底にビニルシートがしいてある小鳥の巣

ところで、私たちが住んでいる地球（＊地球儀を使う）は太陽を中心にしてまわっている（「太陽系」といいます）星のひとつですが、地球の外の遠いところから見ると、帽子《ぼうし》を二つ重ねたような、こんな大きな星の仲間（＊銀河宇宙の写真を見せる）のなかの一つです。この星の仲間を「**銀河系**《ぎんがけい》」といいます。地球はこの辺《へん》にあります。最近では、この銀河系のまんなかにこの＊ボール球《だま》の大きさの穴《あな》が発見されました。「**ブラックホール**（黒い穴）」というそうです。でも、この黒い穴は秘密をもっている穴で、こんなに小さいのに重さは私たちが住んでいる地球の五倍《ばい》もあり、光《ひかり》が入《はい》っていくと出てこられないそうです。不思議《ふしぎ》ですね。

不思議といえば、秋に入った頃から夜空のまんなかに「＊**アンドロメダ大星雲**《だいせいうん》（アンドロメダ銀河《ぎんが》M《エム》31）」（写真を見せる）が見られます。これは、この「＊渦巻《うずまき》き銀河《ぎんが》（M《エム》83）」（写真を見せる）と同じく、私たちが住む「銀河系」宇宙《うちゅう》のお隣《となり》の銀河で（距離《きょり》２３０万光年《まんこうねん》）、大きさも美《うつく》しさも「銀河系」とほとんど同じですが、なんと、一秒間《いちびょうかん》に福島市から仙台市の向《む》こうまで進《すす》むという、ものすごいスピード（秒速《びょうそく》１００キロ）で「銀河系」に近《ちか》づいて来《き》ています。アンドロメダ大星雲は、私たちが住む「銀河系」宇宙と合体《がったい》して新しい星を

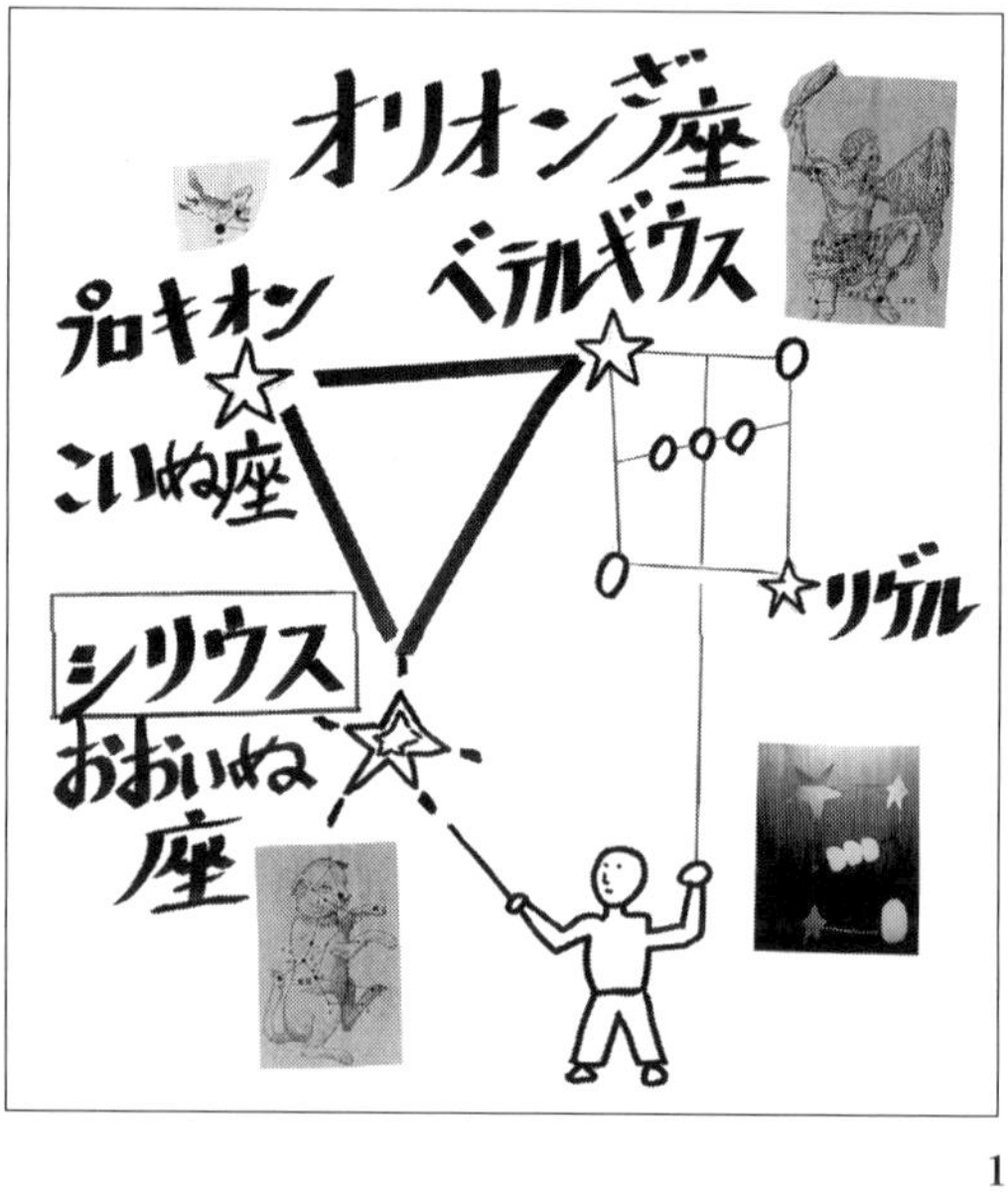

冬の大三角形　オリオン座のベテルギウス（巨人のわきの下の意味）とこいぬ座のプロキオン（犬の前にの意味）とおおいぬ座のシリウス（かがやくものの意味）とでつくられる

針金で作った大きな枠に、紙で作った星をはりつけて説明

つくるために近づいて来ているのだそうです。合体するのが**約《やく》五十二億年後《おくねんご》**くらいだそうですから、宇宙は想像《そうぞう》できないほど広く、とても驚きます。

今日は、星座のチャンピオンで冬の「オリオン座」、私たちの住む「銀河系」宇宙、お隣の「アンドロメダ銀河」などの話をしました。皆さんが学校に出てくる日は今年はあと十四日しかありません。寒《さむ》くなりますが、風邪などひかないように生活しましょう。

それではこれで、十二月の「全校朝の会」の話を終わります。

（二〇〇二年十二月二日）

※　銀河系の長さと太陽系の大きさをわかりやすくいうと、銀河系の一番長い部分が東京都から九州の福岡市まで（約千キロメートル）あるとすれば、太陽系は一円玉の大きさしかないことになります。

冬至《とうじ》では一時間目から給食《きゅうしょく》が終わるまでの時間が夜《よる》に加《くわ》わります
生まれて初《はじ》めて書いた校長先生の「詩《し》」を紹介《しょうかい》します

おはようございます。

第二学期の終わりの日となりました。プール仕舞《じま》い、スポーツフェスタで始まった二学期でしたが、皆さんは一番落ち着いて学習や運動のできる九月から十二月までを、満足《まんぞく》のいくように過ごせましたか。

今日は、二学期の終《お》わりの日というだけではなく、二〇〇一年の学校生活や学習の修《おさ》めの日でもあります。二十一世紀最初の一年は、皆さんが大人《おとな》になったとき、きっと思い出すことのある年だと思います。先生は二年生以上の皆さんとは、二十一世紀が始《はじ》まった今年の一月に、「全校朝の会」で約束《やくそく》をしました。どんな小さなことでもいいから、この一年間でできるめあて、目標を立てて頑張《がんば》ってみましょうということでした。できたかどうか、そっと自分に聞《き》いてみてください。校長先生が皆さんとした約束は「本を書きます」ということでした。先生も頑張って*こんな本を書きました。今年のうちにできなかった人は、来年《らいねん》になってもいいですから、めあて、目標に届くまで頑張ってみましょう。

さて、（♪「雪」を聞く）本当の寒さがやってきました。明日は「**冬至**《とうじ》」といって、太陽が日本から最《もっと》も離《はな》れて、昼《ひる》の時間が一年で一番短《みじか》い日になります。どれくらい短いのかといいますと、皆さんが朝、学校に来てから給食《きゅうしょく》が終わるまでの時間（約5時間）が、夜の時間に加《くわ》えられます。昼の時間がそれだけ引《ひ》き算《ざん》され、短くなるのです。昔から日本では、冬至の日には風邪《かぜ》をひかないようにと、小豆《あずき》やカボチャや蒟蒻《こんにゃく》を食べました。「**冬至のカボチャ**」といって、カボチャはまだ食べるお家《うち》が多いので、食事《しょくじ》のときには気をつけて見ていてください。

冬休みの過ごし方については、担任《たんにん》の先生からくわしくお話があります。先生としては、少し長いお話の本に挑戦《ちょうせん》して欲しいなあと思います。どんな本がいいかは、担任の先生とよく相談《そうだん》してくださ い。読書感想文《どくしょかんそうぶん》を書いた人は校長先生にも見せてください。今年の夏休みに読書感想文を書いて、校長室までもってきてみせてくれた友だちもいましたよ。

ところで今週の火曜日《かようび》には、この間、校長先生がラジオでした話のなかから、一つだけを皆さんに放送で聞いてもらいました。すると、一年生から六年生までの皆さんに「聞きましたよ」と声をかけられました。「詩《し》って何かな」という話でしたね。有難《ありがと》うございました。そこで、今日はとても恥《は》ずかしいのですが、皆さんに聞いてもらって嬉《うれ》しかったので、校長先生が生まれて初《はじ》めて書いた「詩」を紹介《しょうかい》します。いまでもまだよく覚《おぼ》えていますが、小学校四年生のときに書きました。

がけの下のすみっこに

落《お》ち葉《ば》がたくさん集《あつ》まって

風《かぜ》が吹《ふ》くと
うずをまき
のびあがるようにダンスをしている

（詩「ダンス」）

冬休みの間《あいだ》に、どんなことでもいいですから、**よくものを見て、心がドキドキ動《うご》く**ことがあったら作文にして、校長先生にも見せてください。

それでは、病気《びょうき》やケガがないようによく注意《ちゅうい》をして冬休みを過ごしてください。そして、新年にはまたみんなで元気に学校で会いましょう。

これで、「第二学期終業式」の話を終わります。

（二〇〇一年十二月二十一日）

落《お》ち葉《ば》　風がふけば落ち葉はいろいろなダンスをしてくれる

クリスマスは、生《い》きものが生《う》まれかわる日の「冬至祭《とうじまつり》」でした
年賀状《ねんがじょう》はなかなか会《あ》えない友だちにこそ出しましょう

おはようございます。

いよいよ明日から冬休みですね。十二月の「全校朝の会」で、先生は、「先週《せんしゅう》から完全《かんぜん》な冬型《ふゆがた》に入《はい》りますよ」といいましたが、本当に雪がたくさん降りました。今年の冬は「香港A型《ほんこんエーがた》」といった風邪《かぜ》が流行《はや》りそうなので、休み中はとくに風邪には気をつけましょう。元気にしていると、これからお話しにでてきますが、冬休みには、夏休みと違《ちが》ういろいろなことがあると思います。

あさっての二十二日（日曜日《にちようび》）は「**冬至《とうじ》**」といって、昼間《ひるま》の明《あか》るい時間が一年のうちで一番短《みじか》い日です。福島市でも午後《ごご》四時頃《ころ》になると、もう薄暗《うすぐら》くなるでしょう。この日には昔から日本人は「**柚子《ゆず》湯《ゆ》**」といって、この「ユズ*」という果物《くだもの》をお湯《ゆ》に入れ、「風邪」などを防《ふせ》いできたのです。冬至を過ぎるとまた少しずつ昼間の明るい時間が長くなってきます。そこで、昔の人は、生きものが新しく**生まれかわる日**として、冬至の日には「**冬至祭《とうじまつり》**」をやっていました。実《じつ》は、今でもこの「冬至祭」は形《かたち》を変《か》えて世界《せかい》のあちこちに残《のこ》っています。何でしょう。ちょっと耳を澄《す》ませて聴《き》いてください（♪「ジングルベル」）。そうです。**クリスマス**のお祝《いわ》いになったのです。そこで今日は、先生が読《よ》んだサンタクロ

ースのおじさんの絵本の話を少しだけします（絵本を見せながら話をする）。*

サンタのおじさんは世界中《せかいじゅう》のよい子に贈《おく》り物《もの》をして、トナカイとお休《やす》みしようとしたのですが、遠《とお》い所に住んでいる「一人の少年《しょうねん》」に贈り物をするのを忘《わす》れていたことに気《き》がつきました。そこで、トナカイは疲《つか》れているので、自分一人で贈り物を届《とど》けようと、砂漠《さばく》を歩き、飛行機《ひこうき》にのり、雪の上をオートバイやスキーに乗せてもらい、険《けわ》しい山登《やまのぼ》りを手伝《てつだ》ってもらい、やっと男《おとこ》の子の住む家にたどり着きました。そして、そっと煙突《えんとつ》から家に入り、大きな靴下《くつした》の中に贈り物を入れて帰《かえ》りました。

先生はこのお話しを読《よ》んで、たった一人の少年のために、苦労《くろう》をし、危険《きけん》な目に会《あ》いながら、少年の夢《ゆめ》をかなえてあげるサンタのおじさんに感動《かんどう》しました。「**たった一人のために**」というところがいいですね。

今頃はちょうど、みなさんのなかには、年賀状《ねんがじょう》を書く人もいると思いますが（拡大した年賀状を見せる）、大切《たいせつ》な友だちなのに、なかなか会《あ》えなくなって忘《わす》れかけている友だちがいたら、是非《ぜひ》そういう友だちにこそ年賀状を書いて出してみてください。そうしているうちに、こんな歌が聞こえてくるかも知れません（「お正月」）。そうです、お正月がきて、新しい二〇〇三年が始《はじ》まるのです。先生が子供の頃は遊《あそ》ぶものが少なかったので、お正月にはこの歌のように、コマを回《まわ》したり凧揚《たこあ》げをしたりしま*♪**

した。女の子は＊お手玉《てだま》や＊紙風船《かみふうせん》で遊んでいました。でも、コマ回しも凧揚げもお手玉も、本当は難《むず》しい遊びなのですよ。冬休みに機会《きかい》があったらチャレンジしてみてください。

さて、最後に先生から二つのお願いをします。一つは、冬休みに入ったら今年、自分はどんなことができて、どんなことができなかったか考えてみてください、ということです。どんな小さなことでもいいですから、それを**日記**《にっき》や作文などの文章《ぶんしょう》にして書いてみるともっといいですね。あと一つは、来年《らいねん》はどんなことをしようかなと、自分にあった自分だけのめあて、目標を考えてみてください。やっぱりこれも、文章にしたり、大きく紙に書いたりしてみるのが、とってもいいことだと思います。

この間お話ししたように、今日も冬の夜空はきれいだと思います。とくに今夜は今年最後の「満月《まんげつ》」です。大きく夜空に向かって深呼吸《しんこきゅう》して、「明日から冬休みだよ」と、お星さまやお月さまに報告《ほうこく》するのもいいかも知れません。それでは、冬休みの間、事故《じこ》がないよう充《じゅう》分《ぶん》に気をつけて過ごし、一月八日に、また元気に、この体育館《たいいくかん》で会いましょう。

これで、冬休み前の「全校朝の会」の話を終わります。

（二〇〇二年十二月二十日）

※ ペルーの国では現在でも、「インティーライミ」と呼ばれるインカの祭であった冬至祭が行われています。

絵を見せながら話をした『クリスマスのおくりもの』（ジョン・バーニンガム作、ほるぷ出版、1993）の表紙

日本は雪国《ゆきぐに》で、五人に一人は雪国に住《す》んでいます
日本では氷河《ひょうが》を作る計画《けいかく》が進《すす》められています

おはようございます。

いよいよ新しい年とともに、二十一世紀が始まりました。皆さんはどんな正月《しょうがつ》を過ごしましたか。楽しかった人、ふつうだった人、お年玉がもっと欲しいと思っている人などいろいろでしょうが、どんな人も、昔から「**一年の計《けい》は元旦《がんたん》にあり**」、つまり、これから始まる一年のことは、一月一日《ついたち》（「**元旦**」といいます）に計画《けいかく》を立てなければならない、という言葉があるように、年の初《はじ》めに、今年《ことし》やらなければならないめあて、目標を立てておかなければなりません。何事《なにごと》も最初が大切なのだから、年の最初の日にしっかりした計画を立ててそれを実際《じっさい》にやっていこうということなのです。皆さんのなかには、もう今年一年の計画を立てている人もいると思いますが、まだの人は、今日お家《うち》に帰ってから少し時間をとって考えてみてください。決《き》まったら、紙に書いて自分が学習する場所に貼《は》っておいたり、担任《たんにん》の先生や友だちに話しておくことも大切だと思います。先生は今年は、自分で考えて書いた文章《ぶんしょう》を集《あつ》めて、本にしようと計画しました。こうして皆さんと約束《やくそく》しておくと頑張《がんば》れますからね。

ところで、今朝は冬休みの間の大雪《おおゆき》で、この始業式を始める時間が遅《おそ》くなりました。これからも、

大雪などで遅くなってもかまいませんから、むやみに急《いそ》いだり、無理《むり》をしないで、必《かなら》ず友だちといっしょになって学校に向《む》かうとか、バスや電車《でんしゃ》などの交通機関《こうつうきかん》や道路《どうろ》の様子《ようす》が悪《わる》ければ、一度《いちど》、家や学校に連絡《れんらく》して、都合《つごう》が悪ければ家に帰ってもいいですから、自分で考え、友だちと相談《そうだん》しながら登校《とうこう》してください。こんなときは自分のことも大変《たいへん》ですが、四年生、五年生、六年生の上級生《じょうきゅうせい》の皆《みな》さんは、下級生《かきゅうせい》の世話《せわ》を心がけるようにしてください。帰りのことは、よく担任の先生からのお話を聞いて、確実《かくじつ》で安全《あんぜん》に帰られるようにしてください。

福島市は**六十五年ぶり**の大雪だそうで、いまこの体育館にいる全員が、福島市の大雪を初めて見たことになります。先生の家は福島市の山のなかですが、昨日《きのう》の夕方に雪の深《ふか》さを測《はか》ったら、雪がちょうど**八十センチメートル**積《つ》もっていました。そのためか、家の前を**除雪車**《じょせつしゃ》（雪かきの車です）が二日も続《つづ》けて雪かきをしてくれました。雪かきをしておくことは、とくに急《いそ》いで病院《びょういん》に行かなければならないお年寄《としよ》りや赤ちゃんなどがいるとき、とても助《たす》かることなのです。

大雪で思い出したのですが、日本の国の半分以上（52パーセント）は雪国《ゆきぐに》なのですね。そして、**五人に一人**（18パーセント）は雪国に住んでいるのです。私たちが住んでいる福島市は雪がよく降る地方、「**豪雪地帯**（ごうせつちたい）」に入っています。もっとたくさん雪が降る地方は「**特別《とくべつ》豪雪地帯**」といって、日本の面積《めんせき》の五分の一がこれに入ります。福島県の山深い地方もここに入っています。福島県には日本一の量《りょう》の水を貯《たくわ》えることができる「奥只見*（おくただみ）ダム」がありますが、この「特別豪雪地帯」に入っているダムのまわりに降《ふ》る雪が溶《と》けると、溶けた水が全部ダムに集まってきて、このダムの大きさの三十八杯分《はいぶん》の水が海に向かって流れ出すのです。それはとても頭《あたま》のなかだけでは考えがつかないほどの水の量です。以前にも話しましたが、冬に降る雪の量がその年の夏の水の豊《ゆた》かさを、例《たと》えば、飲《の》み水、稲《いね》や野菜《やさい》を育《そだ》てる農業用《のうぎょうよう》の水、工場《こうじょう》で使《つか》う水、水力発電《すいりょくはつでん》の水、皆さんが使うプールの水などを約束してくれるのですから、人間に害《がい》をもたらすことを除《のぞ》けば、大雪は本当は有難いものなのです。

そこで、今日は二十一世紀に向けて雪を見直《みなお》そうという話をします。大昔の人間は雪と仲良《なかよ》く暮《く》らしていたようです。雪国から古代人《こだいじん》の残《のこ》した大きな遺跡《いせき》がでてくることがその証拠《しょうこ》になります。福島県内、福島市内にも大きな遺跡があります。とくに、市内の**宮畑**（みやのはた）**遺跡**がいま注目《ちゅうもく》されていますね。ところが、乗《の》り物《もの》が発達《はったつ》したり、暖《あたた》かく過ごせるものが増えて生活が便利《べんり》になってくると、雪はだんだん邪魔物《じゃまもの》あつかいされてきたのです。こうして、雪とのたたかいが雪国の歴史《れきし》にもなりました。しかし最近《さいきん》では、雪とたたかうより、資源《しげん》の少ない日本では、**雪を利用《りよう》**することを真剣《しんけん》に考えたほうがいいのではないかという考え方がでてきました。例えば、北海道《ほっかいどう》ではたくさんの量の雪を溶かさないまま部屋《へや》に集《あつ》めておくと、一年間、摂氏《せっし》五度で湿度《しつど》を七十パーセントに保《たも》ったままでお米《こめ》が新しいまま置《お》いておける実験《じっけん》に成功《せいこう》しています。

雪のよいところは、一、水をよく使い、水が足りなくなる暑《あつ》い夏に、豊《ゆた》かな水を約束《やくそく》してくれます。二、この絵《え》をみてください。「雪室*（ゆきむろ）」といいます。雪で作った冷蔵庫《れいぞうこ》ですね。摂氏０度で湿度《しつど》は百パーセント、十五年前から日本で本格的《ほんかくてき》に開発《かいはつ》していますが、電気代《でんきだい》がかかりません。三、このグラフを見てください（雪*をかぶった野菜《やさい》の糖度《とうど》と、かぶらない野菜の糖度とを比較《ひかく》したグラフを見せる）。このように、雪は野菜を甘《あま》くします。四、空気清浄《せいじょう》といって、空から降って来るときに、空気中の埃《ほこら》を取《と》ります。お隣《となり》の新潟県《にいがたけん》にある日本でも有名な電気会社《でんきがいしゃ》では、この*写真《しゃしん》のように「電子《でんし》IC工場《アイシーこうじょう》」という工場《こうじょう》をつくり、埃が少しでもあればできない機械《きかい》を作っています。五、ときには危《き》険《けん》ですが、まわりのものをすべて白く包《つつ》み、美しい自然を見せてくれます。また、雪祭《ゆきまつ》りやスキーなどのスポーツなどもできます。以上のようなことがあげられます。

　最後に、皆さんに見てもらった写真をくださったある会社の方から、これはちょっと秘密なのですが、二十一世紀の宿題《しゅくだい》として、この写真のような「*人工氷河《じんこうひょうが》作《つく》り計画《けいかく》」、つまり、山奥《やまおく》に積もって溶《と》けないままの雪を少しずつ溶かして、溶かした水をいろいろな目的に利用する計画のことですが、この計画も進めているのですよと、そっと教えてくれました。皆さんが大人になった頃には実現しているかも知れませんね。

　それではこれで、二十一世紀最初の「始業式」の話を終わります。

（二〇〇一年一月九日）

奥只見ダム（銀山湖ともよばれる）

「春の七草」を五七五七七のリズムで覚えましょう「五節句《ごせっく》」を知っていますか

明けましておめでとうございます。

いよいよ二〇〇二年、平成十四年という新しい年を迎えました。皆さんは、お正月には年賀状をもらったり、お年玉《としだま》をもらったり、お雑煮《ぞうに》を食べたりしたことと思います。でも、今日から第三学期です。いつまでもお正月の気持ちではいられません。

お正月といいますと、昔から、元日から七日までを「**大**（おお）**正月**」、十四日から十六日までを「**小正月**《こしょうがつ》」といいました。小正月には正月の飾《かざ》りを焼《や》いたり（**とんど焼**《や》きなどといいますね）、こうして飾ってきた餅《もち》（**鏡餅**《かがみもち》といいます）を食べました。では、八日から十三日までは何といったのでしょう。それは、大正月までにお餅を食べて、小正月まではお餅がなかったので、「**餅間**（もちあい）」といったようです。でも今は、お餅はいつでも手に入るのでこの言葉は消《き》えてしまいました。皆さんは驚《おどろ》くかも知れませんが、言葉は「お金《かね》」と同じところがあって、値《ね》打《う》ちがあるときはどんどん使《つか》われ、値打ちがなくなると使われなくなるのです。

新年に戻《もど》りますが、大正月の終《お》わりだった一昨日《おととい》の七日《なのか》は「**七草粥**《ななくさがゆ》」といって、病気《びょうき》にならないで、この一年も元気であるようにと七つの野菜《やさい》の入ったお粥《かゆ》を食べる日でした。皆さんも食べた人がいると思います。七つの野菜とは、「**せり**」「**なずな**」「**ごぎょう**」「**はこべら**」「**ほとけのざ**」「**すずな**」「**すずしろ**」で、「**春の七草**」といいます。どんな野菜、草花かなということは後《あと》で図鑑《ずかん》などで調べてください。日本語としてとても美しい言葉なので、リズムをつけて、まず言葉からこのように覚《おぼ》えてみてください。

せり、なずな（5）**、ごぎょう、はこべら**（7）**、ほとけのざ**（5）**、**
すずな、すずしろ（7）**、春の七草**（7）

あと日本では、一月七日（冬）の他に、雛祭《ひなまつり》の三月三日（春）と、子供の日の五月五日（梅雨）と、七夕《たなばた》の七月七日（夏）と、昔は菊の日といわれた九月九日（秋）とが、節目《ふしめ》のお祝《いわ》いやお供《そな》えをする五《いつ》つの日として残っていて、これを「**五節句**《ごせっく》」ということも知っておいてください。みな奇数《きすう》の月ですから覚えられますね。

（♪「雪」を聞く）。さて、これからは雪がどんどん降ります。今日は皆さんが入ってくる正面玄関《しょうめんげんかん》はきれいに雪かきがしてありましたね。皆さんのお世話をしてくださる高野さんが、休み中に一日かけてしてくださったのですよ。高野さんに会ったらお礼《れい》をいいましょう。二十一世紀に活躍《かつやく》する皆さんは雪にも負《ま》けないような元気な「身体《からだ》」をつくらないといけません。そして、ものごとを深く感じ、考える「心」をもたないといけません。これが、皆さんに対する先生の今年のお願いです。みんなでなかよく「**心身**《しんしん》（こころとからだ）」を育《そだ》てましょう。

それから、最後になりましたが、皆さんは今年のめあて、目標を立てましたか。四月になると、六年生は中学生、一年生から五年生までの皆さんは、学年がひとつずつ上《あ》がります。そんなことを考えて、まだの人は是非《ぜひ》、自分にあっためあて、目標を立ててみましょう。先生は、去年《きょねん》と同じで、今年《ことし》も自分で研究したことを本にして出したいと思います。皆さんの前で約束《やくそく》すると頑張《がんば》れますからね。

ではこれで、「第三学期始業式」の話を終わります。

（二〇〇一年一月九日）

春の七草　上段左より右へ、せり、なずな（ペンペン草）、ごぎょう（ハハコグサ）
下段左より右へ、はこべら（ハコベ）、ほとけのざ（タビラコ）、すずな（蕪《かぶ》）、すずしろ（大根《だいこん》）

小学生も電脳《でんのう》漬《づ》けですが、他《ほか》にも楽しいことがあるよ
冬の夜、荒《あ》れた海がたてる不思議な音の正体《しょうたい》は何だろう

おはようございます。

一月ももう半分になりました。日本では一月のことを古くから「**睦月**（むつき）」といいます。「むつき」とは「むつび」、つまり、「親《した》しくなる」という意味です。ですからこの言葉には、お互《たが》いに新《しん》年《ねん》に行ったり来たりして仲良《なかよ》くなることからできたという考え方があります。他《ほか》には、稲作《いなさく》をする国《くに》らしく、田植《たう》えをするために、稲《いね》の実《み》を初《はじ》めて水に浸《ひた》す月なので、「実月」（むつき）になったのだろうという考え方もあります。

さて、二十一世紀、日本の国はどうなるのだろうという問題が、いろいろな所で話の中心になっています。この*新聞《しんぶん》を見てください。小学生は「**電脳《でんのう》漬《づ》け**」になるとでています。「電脳」とは中国語《ちゅうごくご》で**コンピュータ**のことですが——世界で最初にアメリカでコンピュータが開発《かいはつ》されたとき（１９４４年）、「電子《でんし》の頭脳《ずのう》」（**electronic brain**）と呼ばれたことからきている言葉です——今の小学生のお小遣《こづか》いの使《つか》い道《みち》の第二番目は「テレビゲームソフト」だそうですから、先生はそうなのかなあと思ってしまいました。こんな*犬《いぬ》や猫《ねこ》のロボットもできて、このロボットを実際《じっさい》に自分の家で飼《か》っている人もい

ますし、人間の動《うご》きに近《ちか》いロボットもどんどん開発《かいはつ》されていますから、小学生だけでなく、日本人の全体《ぜんたい》が「電脳」の時代になっていくのだなあと思います。

そこで、小学生である皆さんに考えてもらいたいのは、コンピュータやテレビゲームやロボットとばかりとつき合うのではなく、まず最初に、自分や友だちや家族《かぞく》の人の身体《からだ》のことや、気持ちを大切にするように心がけて欲《ほ》しいということです。身体のことでいえば、もちろん、運動《うんどう》をしっかりすることが大切《たいせつ》ですが、いつでもふつうにできることは、ときどき、大きくゆっくり息《いき》を吸《す》って、ゆっくりその息を吐《は》き出すことです。今の子供の六人に一人は骨《ほね》が弱《よわ》くて、老人《ろうじん》と同じだそうですし、足が弱いのですぐに地《じ》べたに坐《すわ》ってしまうそうです。気持ちのことをいえば、自分さえよければ他人《たにん》はどうでもよいという若《わか》い人が増《ふ》えていて（そういえば、皆さんの朝《あさ》のバス通学《つうがく》のとき、順番抜《じゅんばんぬ》かしをする高校生《こうこうせい》がいて、校長先生が注意《ちゅうい》したことがありましたね）、最近《さいきん》のニュースなどでよくみたり聞いたりすると思いますが、他人を平気《へいき》で傷《きず》つけたり、小学生に殴《なぐ》りかかったり、大声《おおごえ》で携帯電話《けいたいでんわ》をかけて他人に迷惑《めいわく》をかけたり、急《きゅう》に大勢《おおぜい》の人の前でも大声《おおごえ》を出して、いい言葉ではありませんが、「キレてしまう」若者《わかもの》が多《おお》いですね。

（♪「冬の夜」前奏を弱く入れ、歌になったら音量を上げる）。先生が子供の頃は、もちろんコンピュータやテレビゲームやロボットはありませんでした。とくに今のような、雪がたくさん降《ふ》った冬の季節《きせつ》には、よく友だちの家に行っては、友だちのお父《とう》さんやお母《かあ》さん、おじいさんやおばあさんから、面《おも》白《しろ》い話を聞いたものです。いま聞いた歌のなかにあったように、その頃の大人《おとな》や老人《ろうじん》は冬の仕事《しごと》をしながら、うるさがらないで子供にいろいろなお話をしてくれました。例《たと》えば、家が農業《のうぎょう》の友だちの家に行くと、お父さんが、何ももたないでもできる「兎《うさぎ》の捕《つか》まえ方」を教《おし》えてくれました。この兎*の絵を見てください。「兎は後足《あとあし》が長く前足《まえあし》が短《みじか》いから、雪の深《ふか》い山の斜面《しゃめん》を上から下へ向《む》かっておいかけると、兎はすぐ転《ころ》ぶから捕《つか》まるぞ」というわけです。雪深い山では子供には無理《むり》ですし、兎の足の裏《うら》は広《ひろ》げると雪に埋《う》まらないようにできていますから、いま考えると疑《うたが》わしい話で、本当はそんなにうまくいくとは思いませんが、お話として兎の探《さが》し方《かた》や捕《つか》まえ方について聞くことは面白かったですよ。友だちのお母さんは、皮《かわ》をむかないで蜜柑《みかん》の袋《ふくろ》の数《かず》をよく当《あ》てるので、その種明《たねあ》かしをしてもらったら、「ここの蜜柑*のヘタのところにある、枝《えだ》から切《き》れた緑《みどり》の小さい丸《まる》い部分《ぶぶん》を取って、そこに見える小さな筋《すじ》の数《かず》を数《かぞ》えるといいんだよ」と教《おし》えてくれました。なるほどと感心《かんしん》しました。

　漁師《りょうし》の友だちの家にも行きました。友だちのおじいさんはほんものの魚《さかな》を指差《ゆびさ》して、「どっちがヒラメでどっちがカレイだ」といいました。ヒ*ラメとカレイ*はもともとよく似《に》ている魚ですが、この絵を見て皆さんはわかりますか。おじいさんは、「食事《しょくじ》でだされたとき、目が左になっているほうがヒラメです」、「『ひだり目』と覚《おぼ》えるといいよ」と教えてくれました。その他《ほか》、魚が小さいときはヒラメとカレイの目は右や左に移動《いどう》することや、それらの釣《つ》り方《かた》も教えてくれました。先生はおじいさんに

(上段) **かれい** (まがれい) 古《ふる》いギリシア語《ご》には「ひらたい」と「およぐもの」の意味《いみ》がある　にほん語は「かたわれい(かたわれ魚)」からできたという考えもある
(下段) **ひらめ** 目がからだの左によっている　かれいとくらべると、口が大きくさけている

一つだけ質問《しつもん》して、自分でも確《たし》かめておきたいことがありました。それは、冬の夜《よる》、風が強くて海が荒《あ》れる日に、海の方からある音が聞こえてくるのですが、「パーン」という大きな音なのです。何の音か最初はわかりませんでした。音の秘密《ひみつ》を聞いて、あとで自分でも確かめられたのですが、皆さんは何の音だと思いますか。波が岩《いわ》や突堤《とってい》にぶつかる音ではありません。考えてみてください。この海の音の正体《しょうたい》は二月の「全校朝の会」で話しましょう。

一月が、「親《した》しくなる」という「むつびの月」ということで、いま話したような、先生の小学生の頃の冬の過ごし方を話しました。そこで、友だちの家族《かぞく》の方《かた》たちと親しくなって、大人《おとな》の話す生活の智《ち》恵《え》や苦労《くろう》もたくさん知りました。コンピュータやテレビゲームやロボットがなくても、とてもよいことをたくさん教えてもらったと思っています。

今日は最後に、たった二行ですが、皆さんに先生が作った冬の歌を贈《おく》ります。でも、音楽《おんがく》の曲《きょく》は作れないので、メロディーは付《つ》けてありません。皆さんで自由《じゆう》に歌ってみてくれればうれしいですね。

ふぶきでも　まけずに登校（とうこう）　**附属**（ふぞく）**の子**
ゆきふりに　げんきであるく　ゆきかえり

では今日も寒さにまけないで過ごしましょう。
これで今月の「全校朝の会」の話を終わります。

（二〇〇一年一月十五日）

日本で最初《さいしょ》につけられた馬の名前は何かな
海のなかや頭《あたま》のなかにも「馬」がいますよ

おはようございます。

寒い日が続《つづ》いていますが、きのうの二十日《はつか》は「**大寒**《だいかん》」といって、暦のうえでは一年で最も寒い日でした。今日の夜に月を見ると、こんな形で、「***上弦**《じょうげん》**の月**」といいますが、ちょうど半分明るくなって、今年初めての満月に向かっています。皆さんの附属《ふぞく》小学校では、今月に入ってもう今度《こんど》入学してくる新しい一年生が決《き》まり、六年生は全員《ぜんいん》、中学校への入学が決まりました。おめでとう。

三学期の始業式で、「春の七草を覚えてください」といいましたね。そうしたら、大勢《おおぜい》の一年生の人が先生を廊下《ろうか》でつかまえて、みんな一列《いちれつ》に並《なら》んで順番《じゅんばん》にすらすらいってくれたのでとても驚《おどろ》きました。嬉《うれ》しくなったので、今日は今年の***干支**（えと）である「**馬**《うま》」の話をしましょう。今年《ことし》の*年賀《ねんが》の切手《きって》はこのように馬でしたね。これは馬の人形《にんぎょう》ですが、日本では昔から馬のことをこの人形のように「**駒**《こま》」と呼びます。これは「**子馬**《こうま》」からきた言葉ですが、大人になった馬にも使うようになりました。日本で最初に馬につけられた名前が残《のこ》っています。「**土龍**《どりゅう》」というそうです。土の上に生きている龍《りゅう》に見えたのでしょうね。

外国では馬はカバヨー（スペイン）とかススとかコンと呼ばれたり、泣き声から「馬・マー」、「ヒサーン」（アラビア）などと呼ばれています。英語では「**ホース**」ですが、これはもともとは「**走《はし》る動物《どうぶつ》**」という意味です。動物のなかでも走りが速《はや》かったのですね。馬の先祖《せんぞ》はこの絵のような「**ヒラコテリウム**＊」といわれていて、二年後にオリンピックが開《ひら》かれるギリシアの国の大昔の人々は、この絵＊のように、「馬が朝《あさ》の太陽《たいよう》を連《つ》れてくる」と信《しん》じていました。また、外国《がいこく》には馬が黄《おう》金《ごん》の糞《ふん》（ウンチのことです）をする話がありますが、これは、馬の糞が木のように燃《も》える燃料《ねんりょう》になるので、昔の人が糞を乾《かわ》かして売《う》ってお金儲《かねもう》けをしたことからきているのです。糞が燃料になり、お金になったのですね。

では、どうして猫《ねこ》やリスなどは干支《えと》に入《はい》っていないのに、馬は干支である十二の動物のなかの一つに選《えら》ばれたのでしょう。これは馬の写真《しゃしん》＊ですが、そのわけは、馬は人間の気持ちがよくわかり、人間のために大変役《やく》に立つ賢《かしこ》い動物だからです。馬は涙《なみだ》を流《なが》しますし、優《やさ》しくしないと怒《おこ》ったりぶつかってきたりします。馬には、人間が戦争《せんそう》のための道具《どうぐ》にしてきたという悲《かな》しい歴史《れきし》もあります。

また、英語のホースが意味していたように、走りがとても速いのです。先生がこうして床《ゆか》に物《もの》を落《お》とす間《あいだ》に、馬は皆さんがいま立っているこの体育館《たいいくかん》を駆《か》け抜《ぬ》けてしまうという記録《きろく》（秒速《びょうそく》17メートル）が残《のこ》されています。馬は昔から世界中にいたようですが、日本には中国から入ってきたようです。

どうぶつのフンは今でも大切な燃料《ねんりょう》である
写真は、木の少ないインドの国で、かわかした牛フンを集めている女性

漢字《かんじ》もいっしょに入ってきました。これですね。馬の絵*（象形文字）から「馬」という漢字ができたのです。もちろん、中国語の「馬・マー」という発音《はつおん》も入ってきたのですが、発音し難《にく》いので日本では「ウマ」といったそうです。日本では海にも馬が住んでいるといわれました。何だかわかりますか。それは、「うみうま」と書いて「**海馬・かいば**」と読《よ》む生きもののことで、ここにその写真がありますが、魚の仲間《なかま》で「タツノオトシゴ*」のことです。驚《おどろ》いたことに、人間の脳《のう》のなかの、ものごとをしっかり覚《おぼ》える所の細胞《さいぼう》が「タツノオトシゴ」の形をしているので、脳のその部分も「かいば」と呼んでいます。

最後にお願いです。福島市内のにぎやかな場所でも、このように「馬頭観世音《ばとうかんぜおん》*」（写真）と書かれた、お墓《はか》のような石《いし》が立っています。知っている人や、見つけた人はみんなに教《おし》えてあげてください。今度の「全校朝の会」では、「馬の話パート二」で、福島県とつながりの深い「馬頭観音」の話をしましょう。

ではこれで、校内テレビ放送による、今年最初の「全校朝の会」の話を終わります。

（二〇〇二年一月十九日）

福島市内にあるいくつかの馬頭観世音のひとつ

「鎌鼬《かまいたち》」はいるのかな、見てみましょう
雪の結晶《けっしょう》は空からの贈《おく》り物《もの》です、見てみましょう

おはようございます。

いよいよ新しい年が始まりました。二十一世紀三年目の年です。「**二〇〇三年・平成15年**《フレーフレー・さあ、行こう》」ですから、二はふたつの「ふ」、ゼロは「れい」ですから「フレー」、もう一回ゼロですから「フレーフレー」、三は「さあ」、一は「い」、五は「こう」で、「フレー、フレー、フレー、（今年も）さあ、行こう」といえば覚えやすいですね。

そして、馬に代わって今年は「羊《ひつじ》」*（人形）の年です。暦では羊は漢字《かんじ》で未来《みらい》の「**未**」と書きますが、「未」は〝ひつじ〟とは読めません。実は漢字の国である中国では羊の鳴き声を「ウェイ」といい、この「未」の字が発音《はつおん》が近いということで当《あ》てられたのです。羊さんはどんなに暑《あつ》くても、寒《さむ》くても「たくましく生きる」動物なので見習《みなら》いたいですね。人間はこの羊のたくましさを利用《りよう》しています。羊の体《からだ》から取った毛は「**ウール**」*といって、これをセーターにすれば、寒い冬でも大変暖《あたた》かく過ごせるのです。例《たと》えば、このセーターは、イギリスという国の羊の毛《け》から作った、漁師《りょうし》さんが寒い寒い冬の海で着《き》て働《はたら》くセーターです。暖かそうでしょう。

フィッシャーマンズ・セーター
もともと、ヨーロッパの漁師《りょうし》が着《き》ていた、羊の毛でできたセーター

寒いといえば、二日前の一月六日は「**寒《かん》の入《い》り**」または、「**小寒《しょうかん》**」といって、この日から冬は、初《はじ》めの冬（初冬《しょとう》）、中の冬（仲冬《ちゅうとう》）、最後の冬（晩冬《ばんとう》）のなかの、**最後の冬**（**晩冬**）に入りました。この日から二月四日の「立春《りっしゅん》」、つまり、豆《まめ》まきの次《つぎ》の日までの約《やく》三十日が「**寒《かん》の内《うち》**」といって、一年で最《もっと》も寒い時期《じき》なのです。今年は「香港A型《ほんこんエーがた》」という風邪《かぜ》（インフルエンザ）も流行《はや》っていますから気をつけましょう。十二月の「全校朝の会」で話があった「**アイウエオ**」の約束《やくそく》を忘《わす》れないでください。インフルエンザというのは「**流行**（はや）**る**」という意味です。

寒いで思い出しましたが、風が吹《ふ》く冷《つめ》たい日に顔《かお》などが切《き》れるときがあります。先生も、お風呂《ふろ》からあがって直《すぐ》に寒い外《そと》に出ておでこを切ったことがあります。お風呂に入って顔の皮膚《ひふ》がとても柔《やわ》らかくなっていたのです。昔の人はこれは「**鎌鼬**（かまいたち）」のせいだといっていました。「鎌《かま》を持《も》った鼬《いたち》（狐《きつね》のような動物）」が切りつけたというわけです。「鎌鼬*」を見ますか。昔からこのように絵が残っています。でも本当は、風が強くて空気中に空気のない所ができ、そこに顔や手などが触《ふ》れると切れてしまうということなのです。こんなことは滅多《めった》にないことなので心配《しんぱい》しなくてもいいですよ。それより、寒くて雪が降ってきたら、虫眼鏡《むしめがね》をもって雪をみてください。こんな雪*の結晶《けっしょう》がいろいろ見られてきれいです。雪*の結晶は**空からの贈《おく》り物《もの》**です。

妖怪《ようかい》（ばけもの）のなかまの「かまいたち」（松井文庫より）

さあ、寒い寒いといって部屋《へや》に閉《と》じこもってはおられません。先生が子供の頃は、ここにあるようなコマ*廻《まわ》しを友だちみんなとやりました。まわす時は、こうして紐《ひも》の先《さき》を一回丸めておくのがコツでしたね。上手《じょうず》な子になると掌《てのひら》に乗《の》せたり、右手と左手とで引《ひ》っ張《ぱ》っている紐の上でコマを滑《すべ》らせたり、コマに鉄《てつ》を被《かぶ》せて相手《あいて》のコマを遠《とお》くに飛《と》ばしたりしていました。また、雪がたくさん積《つ》もっても、隣《となり》の友だちの家まで長靴《ながぐつ》を履《は》かないで遊《あそ》びに行く子もいました。何を使《つか》って行ったのでしょうね。そうです、このような「*竹馬《たけうま》」を使って行ったのですね。ですから「**竹馬**（ちくば）**の友**」という諺《ことわざ》は、〝子供の頃の友だち〟という意味があるのです。

さて、皆さん十二月の「全校朝の会」でお話したような、今年一年のめあて、目標はできましたか。また、後期のめあて、目標には近づいていますか。先生はちょうど一年前の「全校朝の会」で皆さんと約束したように、本を出すことができました。*この本です。今年も皆さんに、同じ約束ですが、また本を出すよう約束したいと思います。とくに六年生の皆さんは、小学校生活で是非《ぜひ》やっておきたいということがあれば、まだ三か月ありますので、頑張ってみてください。

それではこれで、冬休み後《ご》であり今年最初の「全校朝の会」の話を終わります。

（二〇〇三年一月八日）

いろいろな雪の結晶《けっしょう》 それぞれ、（上段左）樹枝《じゅし》状六花《じょうろっか》、（同右）扇状《おうぎじょう》六花、（下段左）広幅《ひろはば》六花、（同右）針状《しんじょう》結晶とよばれる

※　風邪をひかないためのマニュアルは、「アは汗が出たら直《すぐ》に拭《ふ》く、イは行かない人ごみ、ウはうがい・手洗いをする、エは栄養をとる、オはお休みなさいで直に寝る」です。

「雪女《ゆきおんな》」は雪国の人にはよくわかる幽霊《ゆうれい》です
「獅子《しし》（ライオン）舞《まい》」なのに鹿《しか》や麒麟《きりん》の獅子舞もあります

おはようございます。

一月は寒いので放送《ほうそう》朝の会になりました。寒《さむ》いはずです、今日は「**大寒**（だいかん）」といって、一年で最も寒い日に当《あ》たります。この頃がどんなに寒いかといいますと、この*日本地図《にほんちず》をみてください。これは先日《せんじつ》（1月15日）の最低気温《さいていきおん》ですが、皆さんの住む福島市は摂氏零下《せっしれいか》八度でとても寒かったのです。ところが、北海道《ほっかいどう》ではもっと寒くて、稚内《わっかない》では摂氏零下三十三度でした。寒いというより**痛《いた》い**でしょうね。ちょっと汚《きたな》い話になりますが、こんな日に、外でオシッコをするとどうなるでしょうね。よく凍《こお》るという人もありますが、実《じつ》はオシッコの温度が外の凍った温度に奪《うば》われて、湯気《ゆげ》になり**蒸発《じょうはつ》**するのです。でも、南の沖縄《おきなわ》では摂氏十四度でもう春になったような暖かさでした。このことからも、日本の国が北から南に長く伸《の》びていることがよくわかります。

毎日毎日、雪がどんどん積《つ》もり、寒くて暗《くら》くてじっとしている生活が続《つづ》くので、昔の北国《きたぐに》の人々は、まわりをすっかり**きれい**にしてくれるけれども、人間の**命《いのち》を取ってしまう**かも知れない雪から或《あ》るものを想像《そうぞう》しました。何でしょう。見てみますか。恐《こわ》いですがいいですか。見たくない人は見なくていいですよ。そうです、「*雪女《ゆきおんな》」（鳥居言人作・日本画「雪女」を見せる）ですね。幽霊《ゆうれい》（妖怪《ようかい》）の仲間《なかま》ですが、「雪女」は深《ふか》い深い雪の多い生活をした雪国《ゆきぐに》の人にしか信《しん》じられないのだなあということが、先生にはわかりました。それでも、節分《せつぶん》の日の二月四日がくれば豆《まめ》まきとなり冬の終わりですから、あと十四日間を頑張《がんば》りましょう。

さあ、お正月《しょうがつ》もすっかり終わりましたが、正月の飾《かざ》りにする「門松《かどまつ》」の話をしてみます。地方《ちほう》によっていろいろな種類《しゅるい》、いろいろな飾り方がありますが、ここにあるように「*松竹梅《しょうちくばい》」（ミニ門松を見せる）といって松《まつ》、竹《たけ》、梅《うめ》が基本《きほん》になります。松竹梅は寒さに強いので、中国《ちゅうごく》では**寒い時期の三つの友だち**（「歳寒の三友」）といいますが、日本では「めでたい物の印《しるし》」として使われます。松はいつも緑《みどり》なので長《なが》生《い》きを、竹は真《ま》っ直《す》ぐなので曲《ま》がった事《こと》のない、つまり悪《わる》い事の嫌《きら》いなすっきりした気性《きしょう》を、梅は上品《じょうひん》な香《かお》りのある美しさをそれぞれ表《あらわ》しているのです。「松竹梅」は昔から日本人の美《び》に対《たい》する感じ方を表してきたものですから、その意味を覚《おぼ》えておいてください。

飾るで思い出したのですが、今年の干支《えと》の「**羊**《ひつじ》」も、元々《もともと》は神様の前に飾られた動物

（右）「雪女」（鳥居言人作）
（左）羊の契文《けいぶん》　紀元前1500年頃にあった甲骨文《こうこつぶん》ともいわれる文字である

です。正しくいえば「祀（まつ）られた」のです。羊という漢字《かんじ》はこんな羊の頭《あたま》の絵からできています（*三種類の象形文字を見せる）。それが現在、私たちが使っている漢字になったのです。神様の前にお供《そな》えとして祀《まつ》られたので、大きい羊ほどりっぱだったわけで、「**大**」と「**羊**」をこのように合わせると「美《うつく》しい」の意味の「**美**《び》」になりますが、「美」という漢字は意味を組《く》み合《あ》わせて作られたのです。昔の人にはお供え物の大きな羊が美しく見えたのですね。

漢字の話からもわかるように、動物の羊*（人形）は、今から千六百年も前にお隣《となり》の国の中国から初《はじ》めてやってきました（西暦599年）。でも、家畜《かちく》として日本で飼《か》われ始《はじ》めたのは今から百二十年ほど前の明治八年（1875年）で、場所は成田空港《なりたくうこう》やディズニーランドがある近くです（三里塚近辺）。皆さんの住んでいる福島県には牧場《ぼくじょう》で飼《か》っている所はないようです。羊を大切にしていた中国には「**羊頭狗肉**《ようとうくにく》」という諺《ことわざ》があります。「羊の肉《にく》を売《う》っています」といって羊の頭《あたま》をお店《みせ》の看板《かんばん》に描《えが》いておきながら、実際《じっさい》は「狗」といってこのような**犬**《いぬ》（人形）の肉を売っていたという話から、「見たところはりっぱだが、中身《なかみ》はお粗末《そまつ》だ」という意味になります。こんな諺を使われないよう、私たちは中身の立派《りっぱ》な人間を目指《めざ》したいですね。

「**祀る**《まつ》」という話をしたので、今日は最後に「祀る」から出てきた「**祭り**《まつ》」の話をしましょう。さっきの門松にも飾ってありましたが、昔は、春祭りや秋祭りだけではなく、お正月にもこうした**獅子舞**《ししまい》が行《おこな》われました。「獅子」というのはライオンのことです。百獣《ひゃくじゅう》の王様である強いライオンを見たことがない人々（とくにアジアの人々）は、この写真《しゃしん》のようにその姿を想像して顔《かお》を造《つく》りました。これは日本では四番目に古《ふる》い、木で彫《ほ》った顔で「獅子頭*（ししがしら）」（諏訪神社所蔵の山梨県指定文化財の写真を見せる）といいます。本物《ほんもの》のライオンとは顔が全然違《ぜんぜんちが》いますが、すばらしい芸術作品《げいじゅつさくひん》です。これを人間が被《かぶ》って獅子舞をすると、病気《びょうき》や魔物《まもの》が追《お》い払《はら》われ、「幸《しあわ》せがやって来る」と昔の人々は信《しん》じたのです。

ところで、ライオンがお祭に使われるのはインドや中国や日本など（アジア）です。インドでは、*人間が縫《ぬ》いぐるみを着《き》て、一人一人がこのように獅子のお面《めん》を付《つ》けて踊《おど》りました。中国では、前足と後足の役目《やくめ》に分《わ》かれて二人*が布《ぬの》を頭からすっぽり被って踊ります。大抵《たいてい》は獅子の頭には角《つの》があります。北の地方では布を被らず、胴体全体《どうたいぜんたい》が縫いぐるみになっています。現在の中国の獅子舞は大体《だいたい》この型《かた》です。ということは、現在の日本の獅子舞は中国の南の地方から伝《つた》わって来たものだということになります。

さて、獅子舞の獅子はライオンだといいましたが、ライオンではない獅子舞もありますね。六年生は去年《きょねん》、「宿泊《しゅくはく》を伴《ともな》う校外学習」で「**鹿**（しし）**踊り**」を見たのでわかったと思いますが、東北の各地では獅子舞の獅子とは「鹿《しか》」でした。この「鹿*（しし）踊り」の人形《にんぎょう》を見てください。鹿《しか》ですから角が二本あるでしょう。

もう一つ、ライオンではない獅子舞を紹介《しょうかい》しましょう。それは先生が生まれた「因幡《いなば》の国《くに》」の獅子ですが、実《じつ》はさっきの、二人が布を被って踊る写真の獅子がそうなのです。人形をもってきたのでよく見てください。どんな動物なのでしょうね。では、とくべつに獅子の「頭《かしら》」を見せましょう。それはなんと「麒麟*（きりん）」なのです。もちろん、昔の人々はほんものの麒麟を見たことがなかったので想像してつくったのです。角を一本つけているのも面白《おもしろ》いですね。今、動物園《どうぶつえん》で見られる麒麟と違って、この麒麟は元々《もともと》はサイの仲間の、「一角犀《いっかくさい》」といわれるインドサイなのです。昔、お寺《てら》の和尚《おしょう》さんが唱《とな》えるお経《きょう》が中国に入《はい》ったとき、獅子、鹿、龍《りゅう》の特徴《とくちょう》をつけ加えて麒麟ができたといっていいでしょう。お経の教《おし》え（「仏教《ぶっきょう》」といいます）といっしょに、約《やく》千年をかけて、インドの「一角犀」は日本に伝わってきて「一角麟《いっかくりん》」になったのです。

こうしてみると、どうして獅子が「鹿」や「麒麟」になったのかを調《しら》べることは、日本のことや、日本のある一つの地方の歴史《れきし》や生活を知るうえで大切なことになります。福島県にもいろいろな獅子舞がありますが、その獅子舞はどういうものなのかを調べることも、私たちが住んでいる福島県や県内の多くの市《し》を知るうえで、また、そこに住む人々が昔にはどんな幸《しあわ》せを願《ねが》っていたかを知るうえで、一つの大切な研究《けんきゅう》になるかもしれません。今日はお正月の月の「全校朝の会」でしたから、おめでたい、幸せにつながるお話しをしました。

それではこれで、校内テレビ放送による、今年最初の「全校朝の会」の話を終わります。

（二〇〇三年一月二十日）

（左）キリンの獅子《しし》舞《ま》いでつけるお面《めん》の模型《もけい》
（右）鹿踊《ししおど》りの人形

イワシの頭を刺したヒイラギの枝と、節分《せつぶん》の鬼《おに》との関係《かんけい》について 冬の海の音の正体は、引《ひ》き潮《しお》と寄《よ》せる波《なみ》とがつくっていました

おはようございます。

今日から二月です。暦*のうえでは、二月のちょうど反対側《はんたいがわ》は八月で、八月は一年で一番暑《あつ》い日が続《つづ》きますから、八月とちょうど反対側にある二月は寒いのが当《あ》たり前なのです。その証拠《しょうこ》に、二月の今頃は「**寒明《かんあ》け**」といって、一年のうちで一番寒いのです。それで、昔から、二月のことを「**如月・衣更着**（きさらぎ）」、つまり、「**衣《い》類《るい》（着《き》るもの）を更《さら》に重《かさ》ねて着《き》る月**」といったのです。

ところが、暦と食《く》い違《ちが》うのですが、二月は太陽の動きからいうと春なのです。寒いのに春というのは変《へん》ですが、これを「**光の春**」といいます。「**春**」という漢字をよく見てください。これは、暖《あたた》かい太陽の光（「日」の部分）を受《う》けて、草の芽《め》が地面《じめん》を突《つ》き破《やぶ》って頭《あたま》をもち上《あ》げる（「人」の部分）意味です。春という季節《きせつ》は二月の四日頃から、立夏《りっか》といって五月五日の「子供の日」頃までをいいます。ですから、今日から数《かぞ》えて三日たった二月四日は「**立春**（りっしゅん）」といって、この日から春なのです。でもこの頃は、実際《じっさい》にはまだ寒いので「**早春**（そうしゅん）・**初春**（はつはる）」といいます。昔の人は、「立春」は「*北斗七星《ほくとしちせい》（模型）の柄《え》の部分が東北の方角《ほうがく》を指《さ》したとき」だと覚えていたのです。

さて、立春を迎《むか》える前の二月三日は「**節分**《せつぶん》」といい、一年生の皆さんは、この学校の行事《ぎょうじ》になっている「ぐんぐん豆《まめ》まき」をします。一年生から六年生までの全部《ぜんぶ》の教室《きょうしつ》に「*鬼除《おによ》け」を飾《かざ》って、悪《わる》いものを運《はこ》んでくる鬼を追《お》い払《はら》う「**豆まき**」をするわけです。こうしないと本《ほん》当《とう》によい春が来ないと、昔から日本人は感《かん》じてきたのです。これは「節分の豆まき行事」といって、日本全国で行《おこな》われます。*ヒイラギの枝《えだ》でイワシの頭《あたま》を刺《さ》したものを玄関《げんかん》に立てる家もあります。鬼を、ヒイラギの尖《とが》った葉で突《つ》き、イワシの腐《くさ》った臭《にお》いで追い払うわけです。鬼を追い払うことは、京都《きょうと》のお寺《てら》の庭《にわ》で毎年《まいとし》なされる「鬼踊《おにおど》り」の行事としてまだ残っており、鬼は最後には退治《たいじ》されます。先生が京都の大学に通《かよ》っていた頃は、研究室がこの「鬼踊り」をするお寺（「蘆山寺《ろさんじ》」といいました）の庭のすぐ横《よこ》にありましたから、二階《かい》のま上という一番よい場所で、ならんで場所を取ることもしないで見学《けんがく》できました。

今日はあと、一月に話しておいた、「夜中《よなか》に海でパーンという音」の正体《しょうたい》について答えておかないといけません。皆さんから、廊下《ろうか》ですれちがったときなどにたくさんの答えをもらいました。なかにはわざわざ校長室にきてくれて、自分の考えをいう人もいました。そのなかに、「熊《くま》を撃《う》つ鉄砲《てっぽう》の音」という考えがありました。夜中から朝まで熊狩《くまが》りはしないので、これは外《はず》れていますね。「寒さで木が割《わ》れる」という考えがありました。とてもよく考えていると思いました。たしかに、去年《きょねん》「魚付《うおつ》け林《りん》」

豆とヒイラギとイワシとをいっしょにたばねて、家の出入り口の上に１年間、魔除《まよ》けとしてかざっておく

の話をしたので、それを覚えてくれていてそう考えたのだと思います。記《き》憶力《おくりょく》がいいですね。「魚付け林」というのは、たくさん落《お》ち葉《ば》をつくり、それを腐《くさ》らせて土にし、この土に雨を通《とお》し、雨水《あまみず》を栄養《えいよう》いっぱいの水にして海に流れ込《こ》ませ、魚《さかな》、貝《かい》、海草《かいそう》などを豊《ゆた》かにするための林《はやし》でしたね。でも、木が凍《こお》って割れることを「**凍裂**《とおれつ》」といいますが、凍裂は摂氏零下《せっしれいか》二十五度よりもっと低《ひく》い気温《きおん》のところで起《お》きるできごとですから、つまり、日本ですと北海道《ほっかいどう》より北でないと起きないことなので、残念《ざんねん》ですがこれも外れています。

　答えは、この絵*《え》（寄せる波と引いていく波とがぶつかっている絵を見せる）のような波がたてる音なのです。海岸《かいがん》に向かってくる波《なみ》は、ちょうど皆さんがプールで泳《およ》いでいて、プールの端《はし》っこに来《き》たら水がターンする（方向を変えることです）ように、また海の沖《おき》に向《む》かって帰《かえ》っていきます。これを「**引き潮**《ひきしお》」といいます。冬にはこの引き潮の力がとても強く、このように海岸に向かってくる、高く伸《の》び上がった形の波と、引き潮の、これまた高く伸び上がった形の波とが、海岸に近い浅瀬《あさせ》でぶつかると、パーンという大きな音をたてるのです。昼間《ひるま》は人間がたてるいろいろな音があるので、波の音はあまり目立たないのですが、まわりが静《しず》かになる夜にはよく聞こえました。先生は冬のある日、朝早く起きて、とうとう波と波とがぶつかる様子《ようす》と音とを見聞《みき》きし、ようやく音の正体を確《たし》かめることができたのです。この絵のような波の姿《すがた》を見て感激《かんげき》しました。

　ではこれで、二月の「全校朝の会」の話を終わります。

（二〇〇一年二月一日）

昔話《むかしばなし》になって残《のこ》っている馬と蚕《かいこ》との深《ふか》いつながり
たくさんの国の集まり「ユーロ」とは何だろう

おはようございます。

いよいよ一年で最も寒い二月になりました。それでも、明後日《あさって》の三日は「**節分**《せつぶん》」で、皆さんの附属《ふぞく》小学校では、毎年やっている一年生による豆まきがあります。病気やその他の悪いことを家から追い出し、幸福《こうふく》を家のなかに入れる行事です。そして、次の四日は「**立春**《りっしゅん》」といって、昔からこの日を「**季節**《きせつ》**の変**《か》**わり目**」として決《き》め、日本人は心を春に向かう気持ちにしてきたのです。一番寒い時期なのにどうして春なのかといいますと、確かに今頃は、夜が長く雪の日が多く、寒くて暗い季節なのですが、その分だけ太陽の光が眩《まぶ》しくキラキラと感じられてくる時期だからなのです（平均《へいきん》すると摂氏《せっし》5度で10・5時間の間、太陽が照《て》っています）。ですから、暖かくなる本当の春と区別して、今頃を「**光の春**」といいます。

さて今日は、一月の「全校朝の会」で約束《やくそく》した「馬の話・パート二」で、「馬頭観音《ばとうかんのん》」の話をします。これを見てください。福島市内にある「馬頭観音*」を先生が写真《しゃしん》に撮《と》ってきたものです。皆さんは見つけられましたか。これからする話は、福島県ととても関係《かんけい》が深《ふか》いものがでてきます。何でしょうね。

気をつけて聴《き》いてください。（以下、＊はペープサートで行う）

昔《むかし》、庄屋《しょうや》さんの家で＊馬《うま》を飼《か》っていました。そこの＊小さな娘《むすめ》といっしょに育《そだ》ちましたが、＊娘が大きくなると、馬は娘がとても好《す》きになりものを食《た》べなくなりました。そこで、庄屋のお＊爺《じい》さんは＊占《うらな》いをする人に相談《そうだん》するなどしましたが、馬が娘を好きになったというのは村人《むらびと》に対《たい》して恥《は》ずかしいことだということになり、＊下男《げなん》にいって、馬を山で殺《ころ》させることにしました。

それから一年後《ご》、娘は馬が捨《す》てられたという山に行ってみました。すると、天気が悪くなり、木に掛《か》けてあったあの馬の＊皮《かわ》が娘を包《つつ》んで天《てん》に昇《のぼ》っていきました。お爺さんとお＊婆《ばあ》さんは馬を誰《だれ》かに預《あず》ければよかったと反省《はんせい》しましたが、今さらこうなった後《あと》では仕方《しかた》がないと思いました。

また一年後、お爺さんとお婆さんが＊杖《つえ》をついてあの山に行き、「娘はここでいなくなったなあ」というと、お爺さんの杖に＊黒《くろ》い虫《むし》が這《は》い上《あ》がってき、お婆さんの杖には＊白《しろ》い虫が這い上がってきました（別のかたちでは、天から虫が降《ふ》ってきたという話もあります）。その杖が＊桑《くわ》の木で、桑の葉《は》を虫に食《た》べさせて育《そだ》てると＊蚕《かいこ》になったということです。

もうわかったと思いますが、福島県とつながっていたのは「**蚕**《かいこ》」（中国式の発音はサン）でした。「馬頭観音」は、人間のためによく働《はたら》いた馬をまつる（供養《くよう》する、といいます）観音様《かんのんさま》ですが、もっと昔の人々は「蚕」とつなげて感謝《かんしゃ》していたのですね。附属小学校では、総合的《そうごうてき》な学習の時間を使い、一年以上かけて蚕の研究に取り組んでいる学級があるので、どんな研究が発表されるのか楽しみですね。

さて、「蚕」が文字として世界で最初に書かれたときはこういう形でした（**甲骨文字**といいます）。これが、漢字の初めの文字としてはこうなりました（**篆刻**《てんこく》といいます）。上は虫ですが、下は「簪・かんざし」で「サン」と発音《はつおん》する文字《もじ》になっています。現在《げんざい》は「蚕」という文字ですが、「サン」という発音は篆刻の下の漢字《かんじ》の読み方からきています。「天の虫」と書くのは、さっき話した日本の昔話を思い出すとよくわかることになります。

馬と蚕がつながっている日本にあるような昔話が世界にもあるといいですね。ところで、世界といいますと、先週から、皆さんに英語を教えるためにアメリカ合衆国《がっしゅうこく》・カリフォルニア出身《しゅっしん》のアメリカ人の先生が来《き》てくださっています。シェリル先生といいます。一年生から六年生までの全員《ぜんいん》に英語をわかりやすく教《おし》えてくれます。先生はとてもきれいな英語の発音をなさいますし、教え方も大変うまいので、皆さんの英語の発達《はったつ》が楽しみです。これからの二十一世紀を背負《せお》って立つ皆さんは、いま世界で通《つう》じやすい言葉になっている英語を通《とお》して、世界の人々と仲良《なかよ》くし、世界の国々や人々のことを本当《ほんとう》に理解《りかい》できる人間にならないといけません。皆さんのなかには、「国境《こっきょう》なき医師団《いしだん》」の一員《いちいん》になるという夢《ゆめ》をもっている人もいますよ。

蚕《かいこ》の神、馬の神であるオシラサマ
オシラサマには愛情《あいじょう》がみのらなかった娘と馬のお話がこめられている　左は馬の頭の形をした男性の神、右は女性の神

ここにこんなお金*《かね》があります。どこの国のお金でしょう。実《じつ》はこれは「**ユーロ・EURO**」と呼ばれるお金で、この図*《ず》のように、ヨーロッパといわれる地域《ちいき》の、今のところ十一の国が今年の一月一日から使いだしたものです。だからまだ三十日しか使われていないお金です。ユーロというのは、国の境《さかい》を取り払《はら》い、国の違《ちが》う人どうしでも自由《じゆう》に多くの国を行き来できて、お金もこのようにみんな同じくし、小さな国のかたまりを大きな国のかたまり（グループですね）にして、仲良く生活をしていこうという考えのもとに始めたものです。校長先生が生まれた頃から、つまり、五十年以上も前からヨーロッパの人々が考えていたことが、やっと今年になって本当のことになってきたのです。とても時間がかかり大変な苦労《くろう》ですが、先生はこういう考えが大きくふくらんで、世界がお互《たが》いに理解し合《あ》える、戦争《せんそう》のない一つの自由なグループになればいいなあと考えています。

それではこれで、校内テレビ放送による、二月の「全校朝の会」の話を終わります。

（二〇〇二年二月一日）

「春一番に咲く花」という名前がついた花を知っていますか
人間は狼《おおかみ》に育《そだ》てられれば狼と同じになってしまいます

おはようございます。

二月に入りました。今日は三日で「**節分**《せつぶん》」といい、「**大寒**《だいかん》」の終わり、つまり、**冬の一番最後の日**に当《あ》たります。そこで、明日から始まる春に、悪いこと、良くないことを入れないために、日本ではこの日に「**豆まき**」をしています。今日は学校中を一年生の皆さんが元気に「鬼《おに》は外《そと》、福《ふく》は内《うち》」といってまわりますので、二年生以上の皆さんはいっしょに声を出し、歓迎《かんげい》してあげてください。このときもってまわる豆がらは音がうるさく、ヒイラギは葉が尖《とが》っていて痛《いた》く、イワシは匂《にお》いが臭《くさ》いので、鬼は嫌《いや》がって逃《に》げるのだそうです。

節分は「季節《きせつ》の分《わ》かれ目」の意味ですから、明日は暦の上では「**春の最初の日**」となり、この日を「**立春**《りっしゅん》」といいます。そこで、皆さんは「**春一番に咲《さ》く花**」という名前のついた花を知っていますか。もう、植《う》えているお家《うち》もありますね。この花です。「＊プリムラ」（primula）といいます。桜草《さくらそう》の仲間《なかま》です。ふつう、「**プリマ**」といいますと、＊オペラの主役《しゅやく》を務《つと》める女性歌手《じょせいかしゅ》（写真）や、＊主役を演《えん》じる女性バレリーナ（写真）のことをいいますが、この「プリマ」には、すでに主役という言葉に表《あらわ》されているように、「**第一番**《だいいちばん》」の意味があり、花の名前「プリムラ」（「春一番の初《はつ》もの」という意味です）も同じく「一番」の意味があるのです。

新年の花、春を告《つ》げる花として、日本で昔から大切にされてきた、ちょうど今頃咲きだす花もあります。この花です。「**福寿草**《ふくじゅそう》」といいます。「福」は福島市のフクで、「しあわせ」の意味があり、「寿」はコトブキともいい、「長生《なが い》き」の意味があります。幸福《こうふく》で長生きの花として、縁起《えんぎ》がよく、見る人に希望《きぼう》を与《あた》えてくれるので、武士《ぶし》、サムライが世《よ》の中《なか》を治《おさ》めていた江戸時代《えどじだい》にはお正月から売《う》られていました。この絵が*そうです（国貞「松本幸四郎の福寿草売り」を見せる）。子供を背負《せお》ったお母さんといっしょに、お父さんは通《とお》りで格好《かっこう》よく立って、鉢植《はちう》えの福寿草を売っています。

さて、今年は羊の年なので羊の話をたくさんしてきましたが、去年《きょねん》の終わりから、今もそうですが今年の初《はじ》めにかけて、羊を最初に使った「**クローン人間**」つくりとよばれる実験《じっけん》が世界を驚《おどろ》かせています。初めにいっておきますが、先生はこの実験は人間がやってはいけない実験だと考えていますので、そのことを皆さんに伝えたいために、今日は「クローン」のお話をします。

「クローン」というのは、もともと「お父《とう》さん、お母《かあ》さんと同じ」という意味です。子供は両親《りょうしん》と同じだからいいじゃあないか、ということになりますが、「クローン人間」というのは、お父さんだけ、あるいはお母さんだけ、あるい

春一番の花プリムラ（桜草）と、バレーの主役のプリマドンナ（ドガ「花形」〈1876～77〉による）とは、「プリマ」という言葉で意味がつながっている

は自分だけというように、つくりたい人間だけを「そっくりそのまま」、まるで人間をコピー機械《きかい》でコピーするようにつくりだしてしまう、**実験による人間づくり**なのです。本当は皆さんに教《おし》えたくないのですが、こんなことをして人間をつくってはいけない、ということをわかってもらうために、今日はとくべつに話をしましょう（以下、＊印はすべて図を使用する）。

人間の身体《からだ》は、このようなたく*さんの部屋《へや》（60兆《ちょう》個の細《さい》胞《ぼう》のことです）からできています。この部屋をこうして開《あ》けてみますと、中心にはまたこんな小*さな部屋（「核《かく》」といいます）があります。このなかにはこんな形でつながったもの（「染*色体」といいます）があります。そして、このなかに親から子供へ同じものを伝えていく「*遺伝子《いでんし》」（この本体《ほんたい》を「DNA《ディーエヌエー》」といいます）が詰《つ》まっています。いま、この遺伝子をこのように「赤ちゃんの素《もと》」（「**あ**」**印のカード**を見せる）としましょう。さて、人間が生まれてくるには、お父さんとお母さんがとても仲《なか》がよくて、この絵のように、「お父さんのなかにある赤ちゃんの素」（「**精子《せいし》・n《エヌ》**」とします）と、「お母さんのおなかの、『卵《たまご》の代《か》わりをする部屋』のなかにある赤ちゃんの素」（「**卵子《らんし》・n《エヌ》**」とします）とが、お母さんのなかでいっしょになること（「あ*」印のカード2枚を並べる）が大切なのです。

クローン人間がどうしてつくられるかを、わかりやすく示した図

ところが、「クローン人間」つくりでは、お母さんのなかの「赤ちゃんの素」をこのように取り去って、つくりたい人間（いまそれを、お父さんとしましょう）の方から赤ちゃんの素をこのように二個《こ》もってきて、**お母さんとは別《べつ》の女性《じょせい》**のお腹《なか》に入れます。このとき、お母さんの「卵の代わりをする部屋」に電気《でんき》を流したり、とくべつな薬《くすり》を使ったりしているので、生まれてくる赤ちゃんはとてもふつうには生まれないといわれています。先生は、たとえふつうに生まれるとしても、人間が人間の命《いのち》を勝手《かって》につくりだしてはいけないと考えます。そんなことをすると、せっかく苦労《くろう》して、まわりの地球の様子《ようす》とともに最《もっと》も自然《しぜん》なかたちで進化《しんか》してきた人間の歴史《れきし》が壊《こわ》れてしまうと思っているからです。

人間は今から五百万年前《まんねんまえ》に、アフリカの、例《たと》えば、四千三百メートルもあるエルゴン山の麓《ふもと》の森《もり》で生活していたチンパンジーの仲間《なかま》からわかれて、つまり、森を出て現在《げんざい》の人間になりました。今の人間になるのに五百万年もかかったのです。どうして森を出たかといいますと、森の東側《ひがしがわ》が乾燥《かんそう》して、木の少ない草原《そうげん》になったので、木の上での生活ができなくなったのです。森の西側に暮らしていた、例えば、ナチョラピテクスなど猿の仲間は相変わらず木の上で暮らしていましたが、地上に降りた猿《さる》の仲間は、二本足で立って歩かないと生活ができないわけですから、彼らはここからだんだんと人間へ向《む》かって進化していったのです。それまでには、他《ほか》の動物《どうぶつ》と戦《たたか》ったり、言葉をつくったりとたくさんの苦労がありました。赤ちゃんの頭《あたま》が大きくなりすぎてお母《かあ》さんのお腹《なか》から出られず、お母さんといっしょに命《いのち》が危《あぶ》なくなったこともありました。

ではいま、私たちは人間として生きているわけですが、本当《ほんとう》に人間は犬《いぬ》や猿《さる》よりもしっかりした生《い》きものなのでしょうか。ここに生《う》まれてすぐに**狼《おおかみ》に育《そだ》てられた人間**の子供である、*アマラとカマラという兄弟《きょうだい》の写真《しゃしん》（以下、写真を見せる）があります。この二人の子供は、人間の世界に連《つ》れてこられたのですが、このように、いくら教《おし》えても*食事《しょくじ》のとり方《かた》や眠《ねむ》り方は**狼《おおかみ》**と同じですし、*鶏《にわとり》を捕《つか》まえてそのまま食《た》べますし、*木登《きのぼ》りをして曲《ま》がっている膝《ひざ》を伸《の》ばそうとしました。つまり、いくら人間でも、狼に育てられたら狼になってしまうのです。命の長さもそうでした。

　ですから、人間はお父さんとお母さんのもっている「赤ちゃんの素」二つによって、関係《かんけい》のないお母さんの代《か》わりの人のお腹《なか》から生まれるのではなく、自分のお母さんのお腹から生まれ、両親《りょうしん》にしっかり育《そだ》てられることがとても大切なことだと考えるのです。現在、「クローン人間」つくりの研究を行《おこな》っているグループに入《はい》っている人の数《かず》は世界で約《やく》五万五千人いるそうですが、そのなかの約六千人が日本人（約11人に1人）で、日本人が世界で一番多いのだそうです。もちろん、日本、イギリス、ドイツ、フランスの国では「クローン人間」つくりを禁止《きんし》しています。皆さんも今日の先生の話を参考《さんこう》にして、「クローン人間」のことをよく考えてみてください。

　これで、校内テレビ放送による、二月の「全校朝の会」の話を終わります。

（二〇〇二年二月二日）

「春に三日《みっか》の晴《は》れなし」、でも啓蟄《けいちつ》だから虫や蛙がでてきます
春一番の一等星《いっとうせい》「スピカ」（「麦《むぎ》の穂《ほ》」の意味）を夜空《よぞら》にみつけよう

おはようございます。

三月になりました。一月は行《い》って、二月は逃《に》げて、三月は去《さ》ってというように、新しい年もどんどん過《す》ぎていきます。「**雛祭《ひなまつり》**」も終わりましたね。この間《あいだ》は音楽会《おんがくかい》の「歌は友だち」で、皆さんはしっかり歌がうたえ、笛《ふえ》が吹《ふ》け、他《ほか》の楽器《がっき》もじょうずに演奏《えんそう》でき、ダンスもよくできました。「さようなら六年生」（全校での送別会）、「あおい家族《かぞく》」（居住地区別の集団活動）でも、六年生に感謝《かんしゃ》の気持ちが伝えられ、六年生の皆さんも、一年生から五年生の皆さんも、ともにお別れの心の準備《じゅんび》、心がまえができてきたと思います。

♪（「早春譜」）。……ところで、いまの歌はちょうど今頃のことをうたった歌です。「**春は名《な》のみの風の寒さや**」とうたっています。少し難《むずか》しい言葉ですが、春は暖《あたた》かくなる季節《きせつ》だというけれども、本当《ほんとう》はまだまだ風が冷《つめ》たいなあ、とうたっているのです。

そういえば今日はまた寒くなりましたね。昔から、春には晴《は》れの日が三日も続《つづ》かないといわれています。でも、冬の間、地面《じめん》の底《そこ》に閉《と》じこもり、眠《ねむ》っていた虫や蛇《へび》、トカゲ、蛙《かえる》などの動物は、暖《あたた》かく

なってきた春の明るい、地面の上の世界へ飛《と》び出したくて待《ま》ち遠《どお》しいのです。実《じつ》は、今日は「**啓蟄**（けいちつ）」といって、暦のうえではいろいろな虫たちが地面の上に出てくる日なのです。「啓」には**開《ひら》く**とか**始《はじ》まる**の意味があります。「蟄」は虫が**土のなかに閉じこもる**の意味です。ですからこの漢字二つを合わせると、地面のなかにいた虫たちが地面の上に出てくることを意味する言葉になります。虫は一日の気温が「**摂氏《せっし》五度**」よりも低《ひく》くならなければ（最低気温《さいていきおん》といいます）外に出てくるようになります。雷《かみなり》が鳴《な》るようになったら出てくるともいわれていますが、これは当《あ》てになりません。話が少し外《はず》れますが、先生は子供の頃、雷のことを「デンドロキ」といっていました。大人《おとな》になってわかったのですが、「デンドロキ」とはオランダの国の言葉で「電気《でんき》」の意味です。雷は空の上で起《お》きる電気によって生まれますから、「デンドロキ」は雷の意味もあるのですが、どうして先生は子供の頃オランダの言葉を使っていたのか不思議《ふしぎ》です。

　さて、春のことを、日本語では昔から「**弥生**（やよい）」といってきました。これは「**いやおい**」という言葉からできたといわれています。「ますます」という意味の「**いや**」という言葉と、花や葉が「生（お）い茂《しげ》る」という意味の「**おい**」という言葉とがいっしょになった「いやおい」（どんどん緑《みどり》

啓蟄《けいちつ》を描《えが》いた日本画（伊藤若冲《いとうじゃくちゅう》「動植綵絵　池辺群虫図」より）

の植物《しょくぶつ》が育《そだ》つよ、という意味になります）が、「やよい」になったというわけです。「啓蟄《けいちつ》」も「弥生《やよい》」も春らしい言葉ですね。これから東や南から吹いてくる風を「**春風**（はるかぜ）」といいますが、これも暖かさを感じていい言葉ですね。

それから、星のすきな人は夜空《よぞら》を見上げてください。今はちょうど空のまんなかに「*北斗七星《ほくとしちせい》」がでています。この北斗七星の尾《お》の部分《ぶぶん》をこうして丸《まる》く延《の》ばしていくと、「**うしかい座《ざ》のアルクトゥール一等星《いっとうせい》**」と「**おとめ座のスピカ一等星**」とをみつけることができます。「スピカ」は「**麦《むぎ》の穂《ほ》**」を意味する言葉で、春を代表《だいひょう》する星ですから是非《ぜひ》みつけてみてください。

さあ、三月は学校生活では学年最後の月です。ということは、いろいろなお別《わか》れがある月ということになります。三月が過ぎると、皆さんは一つ一つ進級《しんきゅう》して新しい学年になります。今度はどんな新しい友だちや先生と出会えるのかとても楽しみですが、今からあまりうきうきしないで、ゆっくり落《お》ち着《つ》いて静《しず》かに三月を過ごしましょう。ですから、三月のうちに、学習や遊《あそ》びでどんな一年間であったのかを思い返《かえ》して、日記《にっき》なんかに書いておくといいですね。

六年生はいよいよ小学校生活とのお別れの月になります。新し

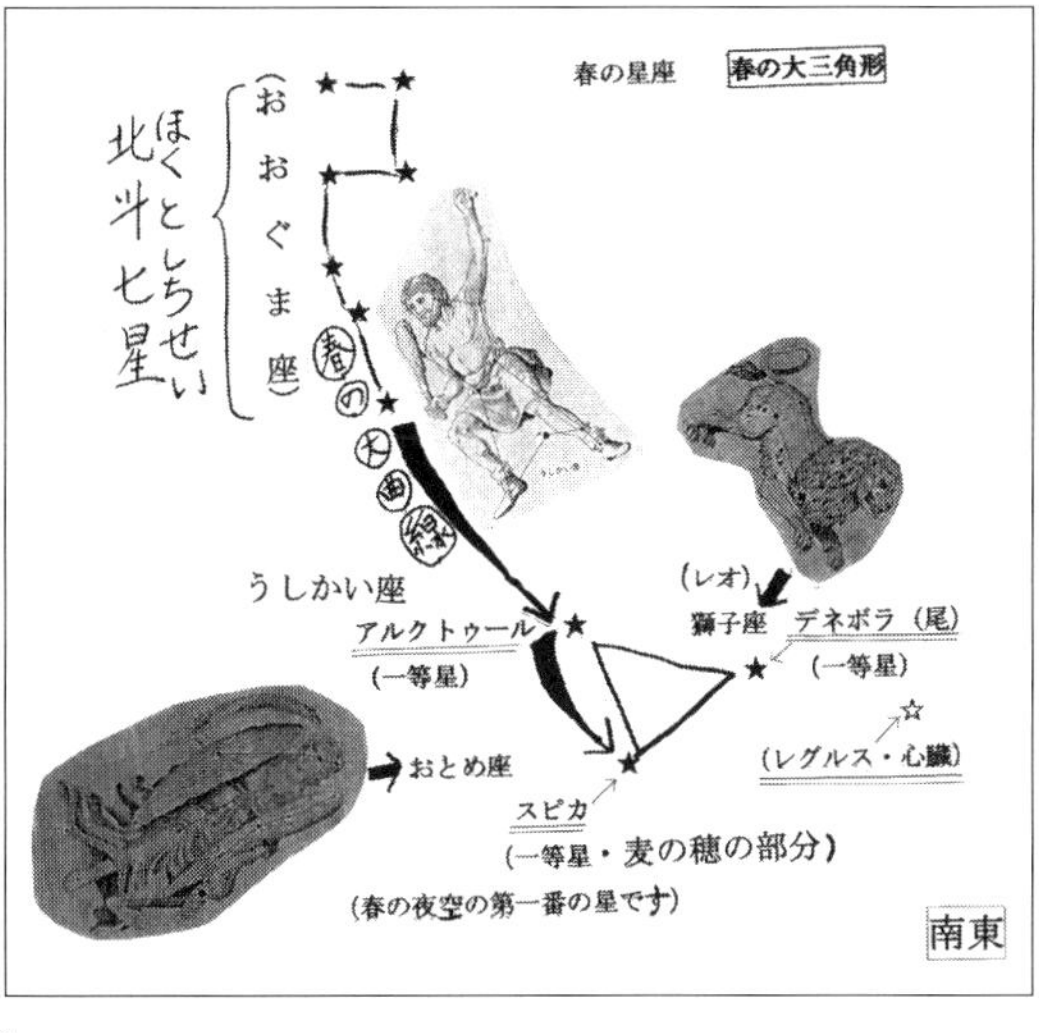

春の星座と春の大三角形　春の代表「おとめ座」は、夜空ぜんぶからみて第2番目に大きな星座である　北斗七星のひしゃくの柄《え》のカーブにそって30度南東へのばしていくと、「うしかい座」のオレンジ色にかがやくアルクトゥール（「熊《くま》の番人《ばんにん》」の意味、太陽の22倍の大きさ）星に出あう。さらにこのカーブをのばせばスピカ星に出あう

い生活への期待《きたい》・うれしさと、小学校生活との別れ・悲《かな》しさとがいっしょにきて、複雑《ふくざつ》な気持ちだと思います。気持ちが落ち着かないときには、自分を一番理解《りかい》してくれる人に話を聞いてもらいましょう。中学生になれば心も身体《からだ》もぐんぐん成長《せいちょう》します。でも、心の底《こころ そこ》では、この小学校で学《まな》んできた学習と生活とが、必《かなら》ず皆さんのこれからの生活や人生《じんせい》の支《ささ》えになってくれるはずです。小学校六年間のことを考えながら、あと十日あまりの残《のこ》り少なくなった日々を充実《じゅうじつ》させて過ごしてください。

一年生から五年生までの皆さんは、六年生とのお別れの月ですから、ボランティア活動《かつどう》や、委員会《いいんかい》・部《ぶ》活動、また給食《きゅうしょく》やスポーツフェスタなどで、お世話《せわ》になった人がいて、まだ感謝《かんしゃ》の気持ちを伝えていない人は、是非、忘《わす》れないで伝えてください。とくに、四年生、五年生の皆さんは、六年生がこれまでしてきた仕事の引《ひ》き継《つ》ぎをしなければいけません。学校全体からみた上級生《じょうきゅうせい》としての責任《せきにん》がでてくるのです。「しっかり引き継いでいきます」と、六年生に対《たい》していえるようになりましょう。三月は気候《きこう》も学年も変《か》わるあわただしいときです。落ち着いた生活態度《たいど》でのぞみましょう。

これで、三月の「全校朝の会」の話を終わります。

（二〇〇一年三月五日）

鳥に進化した恐竜《きょうりゅう》「ミクロラプトル・グイ」の大発見《だいはっけん》
「夢と希望」の力《ちから》が発見させたツタンカーメン王の黄金《おうごん》の面《マスク》

おはようございます。

いよいよ皆さんの今の学年が終わる三月に入りました。四月になると、六年生は中学生へと進級《しんきゅう》し、後《あと》の学年の皆は一つずつ上の学年になります。ですから三月にはしっかり一年間をふり返《かえ》り、とくに自分のことについてのまとめをしておかなければいけません。

さて、今日は三月三日で「**耳《みみ》の日**」でもありますが、女子《じょし》の皆さんにとってはやはり「**雛祭《ひなまつり》**」の日ですね。このお雛様《ひなさま》、*雛人形《ひなにんぎょう》のセットですが、これには「***お内裏様《だいりさま》**」と、他に「***三人官女《さんにんかんじょ》**」といって、女《じょ》性《せい》と男性《だんせい》の「お内裏様」の世話《せわ》をしている三人の女性しかいませんが、もう一段《いちだん》したには「**五人囃子《ごにんばやし》**」といって、歌（地謡）と笛《ふえ》と小鼓《こつづみ》、大鼓《おおつづみ》（「*鼓《つづみ》」の写真を見せる）、太鼓《たいこ》とで音楽をやっている人形があります。「五人囃子」の人形をみかけたら注意《ちゅうい》して見てください。

今日は雛祭ですから、どのようにして今のような雛祭ができたのか、簡単《かんたん》にお話してみます。千年以上の昔には、人は川にいって身体《からだ》を水で拭《ふ》いたり洗《あら》ったりしていました（祓《はら》い、禊《みそぎ》の儀式《ぎしき》）。やがてそれが、三月最初の「へび」の日には、川にいかないで、病気や悪いことが自分の身体にくっつかないようにとお祈《いの》りをしてもらうようになり、人形で自分の身体を撫《な》でて、その人形を川に流すようになりました。これがその人形です。川に流すので「*流《なが》し雛《びな》」といい、今でも日本のあちこちでこのお雛様を川に流す所が残《のこ》っています。こうして、今から三百五十年くらい昔（その頃は「江戸時代《えどじだい》」といいます）に、現在のような、川に流さないで毎年家のなかで飾《かざ》る人形のお雛様ができたのです。こんなことを、菱餅《ひしもち》を食《た》べ、白酒《しろざけ》を飲《の》み、桃《もも》の花を見ながら思いだしてください。

ところで、福島ではまだ寒い日がありますが、四日前（2月27日）、鹿児島《かごしま》では「モンシロチョウが飛《と》んでいました」という報告《ほうこく》がありました。暦の上では、あと二日で初《はじ》めの春（「初春《しょしゅん》」）も終わり、**春のまんなか**（「仲春《ちゅうしゅん》」）に入ります。今日は「**草木萌動《そうもくほうどう》す**」という時期に当《あ》たり、草木《くさき》が芽《め》を吹《ふ》き始《はじ》める頃です。先生は本当《ほんとう》かなと思って、今朝《けさ》も山の様子《ようす》に注意《ちゅうい》をはらいながら散歩《さんぽ》をしたところ、このようにいろいろな木の芽がでていました。これは*桜《さくら》の木の芽、これは*桃の木の芽、これは*松《まつ》の木の芽、これは*紫陽花《あじさい》の芽、これは*白木蓮《はくもくれん》の芽です。これらの木や草の下には、風を利用して次の命のために種《たね》を蒔《ま》き終わり、からからに枯《か》れて命を終《お》えたタンポポやススキなどの植物もありました。よく頑張《がんば》りましたといってあげましょう。

木の芽をよく見ていると、動物や人間の顔《かお》に見えてくるものがあります。*木の芽を写真《しゃしん》で大きくしてみましたが、この芽は羊の顔に似《に》ていますね。図工《ずこう》の学習に学校のなかの顔探《かおさが》しがありましたが、木の芽の顔探しもやってみると面白《おもしろ》いですよ。ところで、木の芽には二つの種類《しゅるい》があります。一つはもちろん、花になる芽で「**花芽**（かが）」といい、このように芽が大きくなると花になります（*緑の厚紙で立体的な芽の模型を作り、その内に花を入れておき取り出す)。もう一つは葉になる芽で「**葉芽**(ようが)」といい、ふつうは花芽より小さいです。花芽と葉芽とをみわけられるようになるとすごいですよ。

このように、植物の芽には、「これからきれいな花になるんだ、太陽《たいよう》を一杯《いっぱい》浴《あ》びて自分を大きくさせる葉になるんだ」という「夢《ゆめ》や希望《きぼう》」があります。花芽や葉芽は「夢と希望」をもっているのです。一年生から六年生までの皆さんのめあて、目標《もくひょう》と同じですね。「夢と希望」をもって生きてきたのは動物だって同じです。

これは「トカゲ」の仲間《なかま》で「**イグアナ**＊」といい、海で生きている動物です。陸《りく》の動物であるトカゲが海で生きているというのは少し変わっていますが、イグアナにしてみれば、強《つよ》い動物が陸に増《ふ》えてきて、食《た》べ物《もの》がなくなり、陸で生きていけなくなったときがきたのです。こうなると、イグアナは絶《ぜつ》滅《めつ》するしかありません。それでもイグアナは生きていきたいという夢や希望を捨《す》てなかったので、海で生きていくことになったのです。しかし、海は陸と違《ちが》いますから、海に潜《もぐ》るとフンボルト寒流《かんりゅう》というとても冷《つめ》たい水のために、しばらくの間《あいだ》、心臓《しんぞう》が止《と》まってしまうのです。だからじっとしていて心臓が動きだしてから海藻《かいそう》などの餌《えさ》を食べるのです。身体《からだ》が冷《ひ》えるので、ふだんはこの写真のように、海の上の岩《いわ》＊で眠《ねむ》ったように日向《ひなた》ぼっこをしています。こうしてイグアナは「夢と希望」がかない、絶滅をまぬがれて今でも生きているのです。ところが、このイグアナにも、最近では地球《ちきゅう》の天候《てんこう》の異常《いじょう》が押《お》し寄《よ》せてきて、海藻がなくなり、再《ふたた》び陸に上《あ》がり陸の植物を食べ始めた仲間《なかま》が増《ふ》えてきているそうです。この事実《じじつ》も忘《わす》れないでください。

　次に、こちらの動物の写真を見てください。これはもう絶滅してしまった恐竜《きょうりゅう》で「ミクロラプトル・グイ」といいます。去年《きょねん》、中国で見つかった化石《かせき》からわかった動物ですが、この発見は世界に一つしかない**大発見**《だいはっけん》でした。なぜかというと、この発見で、これまでずっとあった、鳥《とり》はさっきのイグアナのような爬虫類《はちゅうるい》からだけで進化《しんか》したという考えが、やはり違《ちが》っていることが確《たし》かめられたからです。つまり、この恐竜「ミクロラプトル・グイ」には、前足だけでなく後足と尾《お》にも羽根《はね》があったのです。ふつう、トカゲなどの爬虫類からの進化の場合には、後足には羽根はありません。

　去年の五月の「全校朝の会」では、「始祖鳥《しそちょう》」といって、鳥はトカゲの仲間から進化したとする考え方を紹介《しょうかい》しました。この考え方は、「始祖鳥」の化石を見てもそうですが、例《たと》えば、南アメリカのベネズエラという国《くに》を流れるオリノコ川にはツメバケイと呼ばれる鳥がいて、この鳥は生まれてから子供のときまでは翼《つばさ》の先《さき》にツメがあり、始祖鳥の生《い》き残《のこ》りかと考えられていたという事実などがあったので、これま

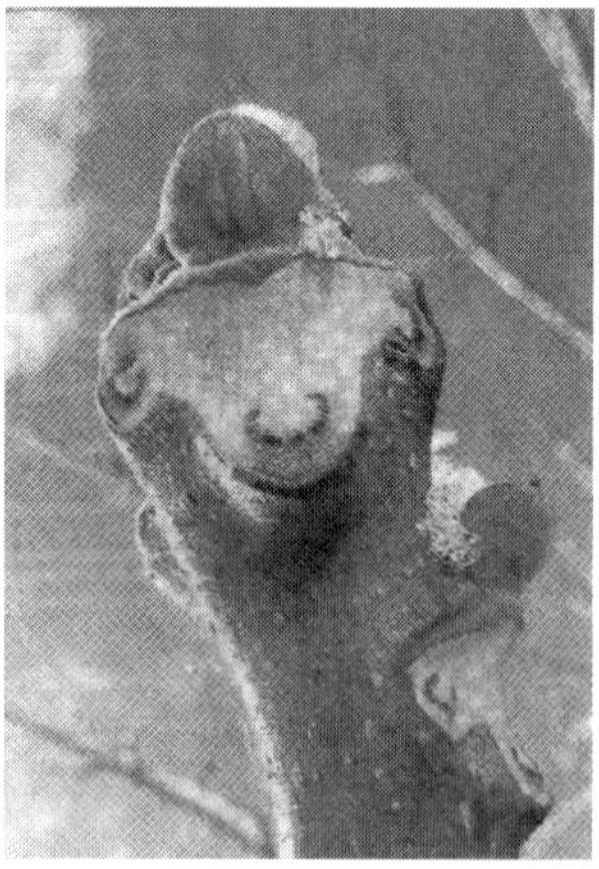

（右）木の芽は動物の顔に似《に》ている
（左）2002年に中国で発見された恐竜「ミクロラプトル・グイ」　鳥が恐竜から進化《しんか》したことを教えてくれる大発見となった。前あし、後《うしろ》あし、しっぽにも羽がはえている

では大切な考え方でした。しかし、中国での恐竜「ミクロラプトル・グイ」の化石の大発見により、まず恐竜から鳥が進化したことが明らかになったのです。

先生が考えたのは、この小さな恐竜もイグアナと同じで、強《つよ》い恐竜が増え、食べ物がなくなり、陸で生きていけなくなったので絶滅するしかなかったのでしょうが、何とか生きていきたいという真剣《しんけん》な「夢と希望」が、前足、後足、尾に羽根を生《は》えさせたのだなあということです。「夢と希望」の力はすごいですね。

最後に、人間の世界で起きた「夢と希望」の力のすごさを紹介します。イギリス人の**カーターさん***は子供のとき夢を見ました。夢というのはこんな夢です。これは何でしょう。これはアフリカのエジプトという国の大昔の王様《おおさま》のお面《めん》です。カーターさんは黄金《おうごん》に輝《かがや》くあまりにもすばらしい王様のお面の夢を見たとき、どんなことがあってもこの王様のお墓《はか》を発見するのは自分なんだと強く信《しん》じたそうです。その王様の名前は、

（上段）ツタン・カーメン王の黄金《おうごん》の面《マスク》
（下段）カーターさん

エジプトの発音では「トゥトアンクアモン」になるようですが、日本では「***ツタンカーメン**」といいます。カーターさんは十七歳《さい》のときエジプトに行《い》き三十二年間《かん》（49歳）、エジプトの王様の墓を掘《ほ》り続《つづ》けました。

　カーターさんは、六十一の墓が泥棒《どろぼう》によって荒《あ》らされていて、もう掘っても何もでてこないといわれていた、この「*王家《おうけ》の谷」（写真）と呼ばれる場所に、ツタンカーメンの墓は絶対《ぜったい》にあると信じていました。彼《かれ》は霊感《れいかん》のようなものが働《はたら》いていたといっています。でも、ずっとお金《かね》を援助《えんじょ》してくれていたイギリスの貴族《きぞく》のカーナボン卿《きょう》からは、十七年間《かん》「王家の谷」を掘っても何もでてこないし、一年間に二億円《おくえん》の費用《ひよう》がかかるので、もう費用はだせないといわれました。それでもカーターさんは最後のお願いですからと無理《むり》をいって、最後の発掘《はっくつ》を始めました（1922年11月1日のことです）。これで失敗《しっぱい》したら**一生《いっしょう》を賭《か》けた夢**はもうかないません。ところが、もう盗掘《とうくつ》されていてないといわれていた墓を掘っていると、新しい部屋を見つけたのです。でも、*この写真のようにやっぱり泥棒が大切なものは全部持っていった後でした。

　しかし、カーターさんは何か強く惹《ひ》かれるものを感じ、次の部屋の入り口があってもいいと思われる置《お》き物《もの》の後《うし》ろの壁《かべ》を壊《こわ》してみると、何とまだ誰《だれ》も入《はい》ったことのないこんな*部屋《へや》（写真）があったのです。そして、カーターさんが子供の頃に夢で見たのと同じ、黄金《おうごん》のお面をつけたツタンカーメン王のミイラがあったのです（同年11月26日）。このニュースは「**世《せ》界最大《かいさいだい》の発見《はっけん》の一つ**」として世界中の人々を驚《おどろ》かせました。そこで、たくさんの学者《がくしゃ》を呼んでこの写真のように*調査《ちょうさ》がなされ、ツタンカーメンのお墓に埋《う》められていたものを運《はこ》び出すのに、この写真の説明《せつめい》によると十年もかかったそうです。すごいですね。先生はこの話を中学生の頃に知って、子供のときみた夢を信《しん》じて、それを少しも疑《うたが》わず、四十九歳《さい》で世界の人が驚く夢を実現《じつげん》させたカーターさんに不思議《ふしぎ》な力《ちから》を感《かん》じました。まるでツタンカーメン王が、お墓《はか》の中から、カーターさんだけに自分の墓を探《さが》すよういいつけたようで、「夢の力」とそれを信じる人に感動《かんどう》したのです。

今日は、皆さんに、自分にぴったり合った大きな「夢と希望」をもって、これからも進んで欲しいなあと思い、植物の芽や、イグアナと恐竜の話、そしてツタンカーメン王の墓を発見したカーターさんの話をしました。これからも自分の「夢や希望」について真剣《しんけん》に考えながら学習をしてください。

それではこれで、三月の「全校朝の会」の話を終わります。

（二〇〇三年三月三日）

よく考えれば、薄《うす》い一枚の紙の上にでも重《おも》いものがのります 難病《なんびょう》を恐《おそ》れず、同じ難病の人のための研究《けんきゅう》に尽《つ》くしたアリスさん

おはようございます。

今頃は、朝六時には空が明るくなり、夕方六時頃に暗くなるようになりました。明日は「満月」なので、ここ何日かは夜も明るいでしょう。また、明日からは「**お彼岸**《ひがん》」といって、お墓参《はかまい》りの行事《ぎょうじ》も始まりますが、「**暑さ寒さも彼岸まで**」という言葉があるように、これまでと違《ちが》ってずいぶん暖《あたた》かさが感じられる時期になるのがうれしいですね。

さて、いよいよ今日で新しく始まった学年も終了《しゅうりょう》する日になりました。今、皆さんを代表《だいひょう》して五年生の人がみんなの修了証書《しゅうりょうしょうしょ》をいただきました。皆さんは今日でめでたく今の学年を修了したことになります。おめでとう。

皆さんは明日からは「春休み」で、四月からは一つ上の新しい学年になります。でも、新しい学年になる前に、自分は今の学年でやろうとしたことはできたかな、めあて、目標《もくひょう》に届《とど》いたかなと、じっくりふり返《かえ》ってみることが大切です。そして、それをもとにして、春休みの間に、新しい学年のめあて、目標を是非《ぜひ》、立ててみてください。できればそのことを、作文にして、お家《うち》の方や新しい学年で

受《う》けもってくださる先生にみてもらうといいなあと思います。

今度《こんど》はこんなことをしてみよう、今度こそはできなかったあんなことをしてみよう、という気持ちを忘《わす》れないで新しい学年にのぞんで欲《ほ》しいものです。もちろん、そのためには健康《けんこう》で元気《げんき》な身体《からだ》をつくるようにすることも大切です。「春休み」には身体を休めること、身体の調子《ちょうし》を整《ととの》えること、そして一年間の反省《はんせい》と、四月から始まる学年のめあて、目標を立てることを絶対《ぜったい》に忘れないでください。お願《ねが》いします。

お願いといえば、先生はこれからの二十一世紀《せいき》を背負《せお》っていく皆さんに、一つは「**よく考えましょう**」というお願いをしてきました。

よく考えれば、自分の考え方や行動《こうどう》に大きな変化《へんか》が起《お》きて、自分のまわりの世界がすこしずつ広がっていくと思います。

例《たと》えば、ここに一枚《*いちまい》の薄《うす》い紙《かみ》があります。

(上段) 一枚のやわらかい紙の上にインクの入ったビンをのせると下へ落ちてしまう
(下段) 一枚のやわらかい紙でも、折り目をたくさんつければインクのビンは紙の上にのる

この上に*インクの入《はい》った壜《びん》の容器《ようき》を乗《の》せると、重《おも》いのでもちろん落《お》っこちてしまいます。でも、本当《ほんとう》にこの一枚の紙にはこの壜《びん》が乗せられないのかといいますと、少し考えればいいのですが、*紙をこうして折《お》ってその上に乗せてみると、ほら、重いインクの入った壜でも乗っかるのです。また、ここには、*皿《さら》いっぱいに入った大きな粒《つぶ》の砂《すな》があります。ふつうにはもう入《はい》らないなあと思いますがどうでしょうか。ちょっと皿を揺《ゆ》すってみましょう。ほら、するとまだ少しだけ*大きな粒《つぶ》の砂がお皿に入る隙間《すきま》ができました。電車《でんしゃ》やバスのなかでもう乗れない満員《まんいん》にみえても、並《なら》び方《かた》や身体の姿勢《しせい》を変えると少しだけ乗れるのと似《に》ています。

　このように、もう駄目《だめ》だ、もう無理《むり》だと思っていることでも、すこし考えてみると不可能《ふかのう》が可能になることはたくさんあると思います。よくないのは、もう駄目だ、私にはもうできないと、すぐにあきらめてしまうことです。これからも、自分の頭《あたま》を使ってよく考える、粘《ねば》り強《づよ》く考えるということをやっていって欲しいと思います。

　あと、お願いしてきたことのもう一つは、今月の「全校朝の会」でもお話ししたように、自分に合《あ》った本当《ほんとう》の「夢や希望」を探《さが》し、それをしっかりもって進《すす》んで欲しいということです。先生が最近感《さいきんかん》動《どう》した話があります。この写真《しゃしん》の女性《じょせい》は*アリス・ウェクスラー（Alice Wexler 60歳《さい》・アメリカ合衆《がっしゅう》国《こく》）さんといいますが、アリスさんは二十六歳《さい》のとき、お父《とう》さん、お母《かあ》さんが秘密《ひみつ》にしてきた自分の病気《びょうき》について知ります。それは、アリスさんは現代《げんだい》の医学《いがく》でも治《なお》らない遺伝性《いでんせい》の難病《なんびょう》、身体《からだ》も心《こころ》も自分の思うようにはならず、自分とは勝手《かって》に動《うご》きだし、ついには寝《ね》たきりになるハンチントン病《びょう》（発症率は50パーセント）だったということです。それでもアリスさんは勉強《べんきょう》がしたい、自分と同じ病気の人のために研究《けんきゅう》する所《ところ》（財団《ざいだん》）をつくりたいという「夢と希望」をもち、今ではみごとにそれをかなえました。大学の先生になり、先生をしながら病気の原因《げんいん》の研究、つまり、病気がでてくるかこないかを調《しら》べ（遺伝子診断《いでんししんだん》といいます）られるようにしたのです。アリスさんは、子供にいつまでも病気を秘密にしていては子供の幸福《こうふく》にはつながらない、たくさんの人々がみんなで助け合うことが大切だといいます。でもアリスさんは、自分の病気がいつでてくるかの検査《けんさ》は受《う》けませんでした。「病気がいつでてくるかわからなくても、りっぱに生きていくことはできるのではないか」というのです。こんなことがいえる人はとても心が強い人です。先生にはできないなあと思いました。自分がいつどうなるかを心配《しんぱい》して生きるのではなく、毎日《まいにち》、一所懸命《いっしょけんめい》、真剣《しんけん》に生きればよいという、大変つよい気持ちをもったアリスさんの生き方に感動《かんどう》しました。「夢や希望」といっても、それをかなえるには「**本当《ほんとう》に強い気持ち**」が大切なのです。

最後に、「夢や希望」について、これは校長先生に関係したことをお話しします。先生は若《わか》い頃、加藤《かとう》君《くん》という十六歳《さい》の高校生《こうこうせい》と出会《であ》いました。加藤君はお父《とう》さん、お母《かあ》さんがいないので、高校生といっても、定時制《ていじせい》という夜《よる》に学習する高校に通《かよ》い、昼間《ひるま》は働《はたら》かなくてはいけませんでした。加藤君の「夢や希望」を聞いてみるとフランス料理《りょうり》のシェフになることでした。でも、どこのお店《みせ》も両親《りょうしん》がいないということで雇《やと》ってくれません。このことを知って、先生は加藤君のお父《とう》さんの代《か》わりをすることにしたのです。そして二人でフランス料理のお店を探《さが》しました。やっと一つのお店で、「一年間はお水をお客様《きゃくさま》にだすだけ、あとはずっと皿洗《さらあら》い」という仕事《しごと》があり、それでもいいということで雇ってもらいました。加藤君はもちろん、その約束《やくそく》を果《は》たしたのですが、先生にある日こんな素晴《すば》らしいことをいいました。「先生、僕《ぼく》は今では、自分を捨《す》てた両親を許《ゆる》せます。僕を捨てなければならないわけがあったんだということがわかるような気がします」。加藤君はお父さんの顔《かお》も、お母さんの顔もわからない赤ちゃんのときに両親と別《わか》れていたのです。これを聞いて先生は、加藤君は大人《おとな》になったと思いました。今、加藤君は徳島県《とくしまけん》に新しくできた大きなホテルのレストランをまかされて、そこで一番のシェフをしています。加藤君もアリスさんと同じで、「夢や希望」をかなえるのに「本当に強い気持ち」をもって進《すす》んでいったのだと思います。

今日は一年の終わりの修了式《しゅうりょうしき》なので、これまでに校長先生がみなさんにお願いしてきた、よく考えて生きて欲《ほ》しいこと、「夢や希望」をかなえるには強い気持ちをもって進んで欲しいことをお話しました。明日は卒業式《そつぎょうしき》です。一週間前には「ありがとう六年生」の式をやって、お世話になった六年生に感謝《かんしゃ》し、今度《こんど》は私たちがしっかり附属《ふぞく》小学校を引《ひ》き継《つ》ぎますよ、という会をしました。一、二、三年生は式には出席《しゅっせき》できませんが、明日《あす》は心《こころ》のなかで、「六年生のおにいさん、おねえさん有難《ありがと》うございました」と感謝し、りっぱな中学生になるようにと、お願いしておいてください。

それではこれで、二〇〇二年度（平成十四年度）の「後期終了式」の話を終わります。

（二〇〇三年三月十七日）

あとがき

こうした本をまとめることになったきっかけは、校長職を辞した後で、何人かの保護者の方々が、「全校朝の会」での話を聞きたかったですといわれるのを、私が直接にうかがったことにあります。実は在任中、私が朝の会で話したこととほとんど同じことを、子供たちが家庭で再話していると保護者の皆さんから、これも直接耳にして、その記憶力に感心し大変に驚いていたのです。低学年から高学年をふくめて、全校で十人以上の子供たちがそうしていたようです。この「全校朝の会」の記録を読んでいただいてもわかるように、内容は決して十歳までの子供たちが充分に理解できるものではありません。私は子供のもっている可能性ということに、感動をもってあらためて眼を開かされました。

なぜ、子供たちに充分に理解できない話をしたのかといいますと、ひとつには、教育学や、小学校教育の専門家ではない私の独断で、九百五十名の子供たちを前にしての開き直りのようなものですが、自分が子供の頃のこころを失わないで話せば何かが通じるだろうと考えたことがあげられます。しかし、こう悟った時点で子供の頃のこころをすっかり失っていると気づいた私は、自分が子供の頃に教えて欲しかったことがらや、自分の体験をベースにおいて、それらを現代の子供たちに伝えてみようと考え直したわけです。こうして、勝手に、子供という時期だからこそ伝えなければならない内容を考え、一方的な授業形式の「全校朝の会」になったわけです。ふたつには、朝の会の話は、すぐあとで各学年、学級担任の先生方がわかりやすく話してくださるということで安心したことがあげられます。やがて「全校朝の会」で使った写真や絵や本や実物などの資料は、難波和生先生が廊下に掲示してくださるようになりました。

それにしても、子供たちの自由な発想、想像力、アイディアなどには驚かされ、教えられることが多い日々でした。

たとえば、着任して一か月が過ぎた頃、休憩時間に四年生と五年生の女子児童から成る、CDプレイヤーを携えた六人組が、突然、校長室に入ってきて、「これからわたしたちの創作したダンスをします」といい、五分間ほど現代的なダンスを披露してくれました。先生からの指示ではなく、自主的に挨拶に来てくれたそうです。普段も休み時間を利用して、リクエストのある学級を回っているとのことでした。早々に大変な洗礼を受けたものだと深く感動しました。対照的に、辞任する一か月前には、二年生の児童がたくさん校長室に入って来て、ピアニカで「春の小川」や「さくらさくら」を吹奏してくれましたが、これもまた感動的なお別れの小音楽会になりました。自由な発想でこういう迎え方、別れ方をしてくれる小学生の素晴らしさは今なお忘れられませんし、大人の社会が失っている人間関係について教えられました。人間関係といえば、私は二十代のときにたくさんの小学生と出会いましたが、現在も書簡をやりとりしているのは関西に住む小島（旧姓・南方）かおりさん一人で、こうした暖かい子どもたちの思いやりの行く末についても考えさせられたわけです。

私のなかでは、新しく迎えた二十一世紀への期待は、慢性的な経済不況や悲惨なイラク戦争、世界各地で激化する民族紛争やテロ、地球の温暖化現象とそれにともなう異常気象、とりわけ日本における、公平さを欠いた競争原理導入による構造改革、増加するばかりの青少年に対する、また青少年自身による犯罪などによって暗転しました。こうして、日々、緊張を強いられる状況が続いていますが、ちょうどこうした二十世紀から二十一世紀へ変わっていく激動期に、大学附属の小学校校長を三年間務めることになりました。

最初の年の二〇〇〇年には創立百二十周年記念行事があり、附属小学校の任務、使命の再認識、再自覚を考えていたのですが、二十一世紀に入った二年目には、既述したような激動期を象徴するかのように、大阪教育大学附属池田小学校での、児童八人が犠牲となるとても悲惨な事件が起きました（事件後すぐに、全児童、教職とで追悼集会をもちました）。教育研究・実践を重ね積み上げていく営為に加えて、教職員には学校・児童の安全という問題が急務としてクローズアップし、現在でも続いているわけですが、学年、学級の一人一人の児童の学内外での安全総点検に奔走する年となりました。大変残念に思うのは、事件自体もそうですが、この事件を起こした宅間守が二〇〇四年九月十四日に死刑を執行されたことです。これは個人的な見解になりますが、私は死刑はあまりにも早すぎたと思いました。事件の真相をもっと粘り強く時間をかけて、犯人の内面と社会との関わりとからできる限り解明して欲しかったと考えます。宅間が彼の代理人である戸谷茂樹弁護士に、「先生がわしの父親やったら、あんな事件を起こさずに済んだかもしれん」といったことがあったと知って、残虐非道で他人を拒絶していた彼にも、内面を解きほぐしていける「窓」があったのだと、なおいっそうその考えを強くしました。

最後の三年目には、これも激動期のひとつの現れですが、小学校が附属している直接の母体ともいうべき教育学部の廃部が決定しました。教育や教育に関わる学問、研究、実践に功利性、即効性、悪しき競争原理などを導入していく日本の社会全体の流れのなかで、大変な痛みをともなったこの決断・決定を、附属小学校がどう受け止め、更なる教育充実の方向に転化できるのかは、今後の課題であり続けています。

さて、この三年間を振り返ってみますと、着任当初は、教職員の皆さんの勤務のし易さ、学校教育の目標と具体的な実践、学校の施設・設備・環境の充実など、学校全体のことをどうするのか皆目見当がつきませんでした。結局は、同じ職場の教職員の方々、かつての、また私の在任時の保護者、諸役員の皆様方、同窓会の皆様、地域の皆様、大学関係者などに大変お世話になり、ご支援、ご協力をしていただくことになりました。有難うございました。とくに、一緒に務めてくださった副校長の大堀満広氏、鵜沼秀雅氏、また、教務の先生方には深く御礼を申し上げます。

本書の出版にあたっては、内容にそぐうようにとわざわざ附属小学校に通うなどして、表紙・裏表紙カバーをこころよく制作してくださった同じ学系・学類で美術担当の渡邊晃一氏にも大変お世話になりました。かつて、ペンシルバニア大学（氏の絵画を購入）やチェルシー大学で客員研究員をしていた氏は、現在でも米国、英国、仏国などで個展を開くなどの活躍をしていますが、国内でも福島県立美術館はもちろん、とくに北海道立近代美術館、上野の森美術館、板橋区立美術館などの展覧会において、現代の新しい美術の創造を試みた意欲的な作品を発表し続けてきました。いま最も期待され注目されているアーティストの一人といってもいいでしょう。一九九五年に斎藤記念川口現代美術館で開催された「Veronica ——肌膚の厚さ・熱さ」は、氏の目指す美術の核心を一番よく表現した力作揃いの個展でした。

また、私ごとになりますが、私が附属小学校に着任した最初の年の二〇〇〇年七月に、この本の話のなかにもでてくる実父が亡くなりました（八十八歳）。彼は、かつては「美の祭典」というニックネームをもっていた一九一六年のベルリンオリンピック「体操」の強化選手でした。しかし、その出場を前に、諸事情があって参加がかなわなくなりました。生涯「数学」の教師であったその父にこの本を捧げたいと思います。

最後になりましたが、本書はさきの『詩の成り立つところ』（二〇〇一・九）に次いで翰林書房より出されることになりました。本格的な教育書ではない本書の出版を引き受けてくださり、数多くの写真の掲載、配置など面倒な構成や、校正、装幀で、今回もすっかりお世話になってしまった今井肇さん、今井静江さんにこころより感謝を申し上げます。

二〇〇五年三月四日

澤　正宏

【著者略歴】
澤　正宏（さわ・まさひろ）
1946年鳥取県生まれ
現在　福島大学人文科学群・文学・芸術学系・人間発達文化学類教授、放送大学大学院客員教授、2000年4月から2003年3月まで福島大学教育学部附属小学校校長
著書　『詩の成り立つところ』（翰林書房、2001）、『西脇順三郎のモダニズム』（双文社出版、2002）など

子供たちに伝えたい校長先生のお話

発行日	2005年5月5日　初版第一刷
著　者	澤　正宏
発行人	今井　肇
発行所	翰林書房
	〒101-0051　東京都千代田区神田神保町1-14
	電　話　03-3294-0588
	FAX　03-3294-0278
	http://www.kanrin.co.jp/
	Eメール●kanrin@mb.infoweb.ne.jp
印刷·製本	アジプロ

落丁・乱丁本はお取替えいたします

ISBN4-87737-206-7